"青少年互联网素养"丛书

互联网交际
我的线上朋友圈

HULIANWANG JIAOJI:
WO DE XIANSHANG PENGYOUQUAN

主　编　■ 高雪梅　陈贡芳
副主编　■ 姚梦云　黄文娟

西南师范大学出版社
国家一级出版社　全国百佳图书出版单位

图书在版编目（CIP）数据

互联网交际：我的线上朋友圈/高雪梅，陈贡芳主编. -- 重庆：西南师范大学出版社，2020.1
（"青少年互联网素养"丛书）
ISBN 978-7-5621-9182-7

Ⅰ.①互… Ⅱ.①高…②陈… Ⅲ.①互联网络—应用—心理交往—青少年读物 Ⅳ.① C912.11-39

中国版本图书馆 CIP 数据核字(2018)第 109877 号

"青少年互联网素养"丛书
策　划：雷　刚　郑持军
总主编：王仕勇　高雪梅

互联网交际：我的线上朋友圈
HULIANWANG JIAOJI:WO DE XIANSHANG PENGYOUQUAN

主　编：高雪梅　陈贡芳
副主编：姚梦云　黄文娟

责任编辑：雷　兮
责任校对：郑先俐
装帧设计：张　晗
排　　版：重庆允在商务信息咨询有限公司
出版发行：西南师范大学出版社
　　　　　地址：重庆市北碚区天生路2号
　　　　　邮编：400715
　　　　　市场营销部电话：023-68868624
印　　刷：重庆紫石东南印务有限公司
幅面尺寸：170mm×240mm
印　张：11.5
字　数：172千字
版　次：2020年3月　第1版
印　次：2020年3月　第1次印刷
书　号：ISBN 978-7-5621-9182-7

定　价：30.00元

"青少年互联网素养"丛书编委会

策　划：雷　刚　　郑持军
总主编：王仕勇　　高雪梅

编　委（按拼音排序）

　　　　曹贵康　曹雨佳　陈贡芳
　　　　段　怡　阿海燕　高雪梅
　　　　赖俊芳　雷　刚　李萌萌
　　　　刘官青　刘　娴　吕厚超
　　　　马铃玉　马宪刚　孟育耀
　　　　王仕勇　魏　静　严梦瑶
　　　　余　欢　曾　珠　张成琳
　　　　郑持军

总 序

互联网素养：数字公民的成长必经路

雷 刚

2016年，在第三届世界互联网大会开幕式上，互联网传奇人物马云发表了一场演讲。他说，"未来30年，属于用好互联网技术的国家、公司和年轻人"。

在日新月异、风云激荡的新科技革命时代，互联网早就深刻地改变了，并将继续改变着整个地球村。国家、公司和年轻人，都在纷纷抢占着互联网高地。日益激烈的互联网竞争，不仅是计算机科学家之间的竞争，是互联网前沿技术的竞争，更是由互联网知识、互联网经验、互联网思想、互联网态度、互联网精神等构成的互联网素养的竞争。

梁启超在一百多年前曾发出时代的强音："少年智则国智，少年富则国富，少年强则国强……少年雄于地球则国雄于地球。"今日之中国少年，恰逢互联网盛世，在互联网的"怀抱"下成长，汲取着互联网的乳汁，其学习、生活乃至将来从事工作，必定与互联网难分难解。然而，兼容开放的互联网是泥沙俱下的，在它提供便捷、制造惊喜的同时，社会的种种负性价值也不断迁移和渗透其间，如何"取其精华，弃其糟粕"，切实增进青少年的信息素养，迫在眉睫，刻不容缓。

毫无疑问，互联网素养是21世纪公民生存的必备素养。正确理解互联网及互联网文化的本质，加速形成自觉、健康、积极向上、良性循环的互联网意识，在生活、交友和成长过程中迅速掌握日益丰富的互联网

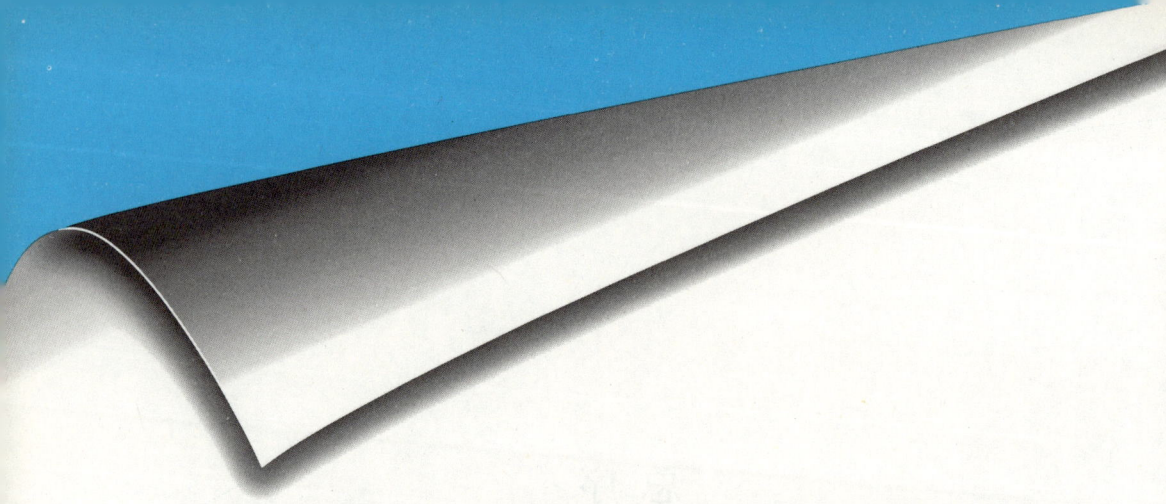

技能，自觉吸纳现代信息科技知识，助益个人成长，规避不良影响，培育全面的互联网素养，成为合格的数字公民，是时代对青少年的召唤。

党和政府一直高度重视信息产业技术革命，高度重视青少年信息素养培育工作，高度重视为青少年营造良好的互联网成长环境，不仅大力普及互联网技术，积极推动互联网与各行各业融合发展，而且将信息素养提升到了青少年核心素养的高度，制定了《全国青少年网络文明公约》等法律规章，对青少年的互联网素养培育提出了殷切的希望。

摆在读者朋友们面前的这套丛书，正是一套响应时代、国家和社会的呼唤，紧密围绕"互联网素养"与"青少年成长"两大主题而精心策划、科学编写的，成系列、有趣味的科普型青少年读物，涵盖了简史、安全、文明、心理、创新创业、学习、交际、传播、亚文化等多方面话题。丛书自策划时起便受到了著名心理学家黄希庭先生，深圳大学心理学院李红教授，西南大学文学院肖伟胜教授等人的关注。在选题论证、组织编写、项目推进的过程中，重庆工商大学的王仕勇教授、西南大学的高雪梅教授、吕厚超教授、曹贵康副教授，都投入了大量精力。尤其是王教授和高教授两位总主编，在拟定提纲、撰写样章、审读书稿、反复校改中，可谓是不惮繁难、精益求精。丛书还得到了重庆市出版专项资金资助项目、重庆市科委科普资助项目的大力支持。在此，谨向关心和支持丛书出版的专家学者、作者和文化机构表示诚挚的谢忱。

互联网发展迅猛，迭代频繁，有其自身的规律，人们也在不断地认识它，丛书中的很多知识、观点或许很快就会过时，但良好的互联网态度、互联网意识、互联网精神则不会过时。愿广大青少年能早日成为合格的数字公民，为建设网络强国、实现民族腾飞梦添砖加瓦，在互联网时代一往无前，劈波斩浪！读者朋友们，开卷有益，让我们互相砥砺吧！

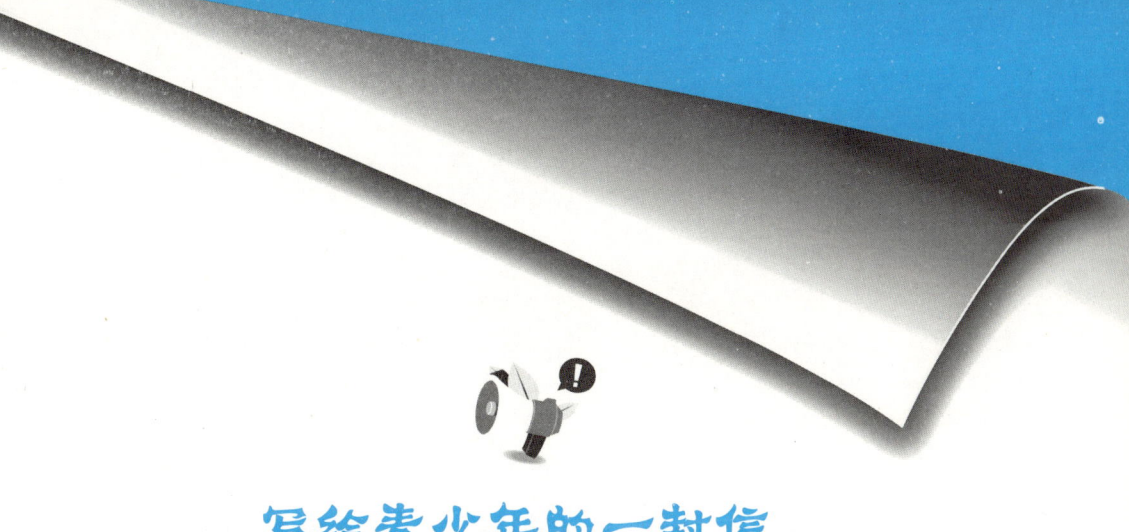

写给青少年的一封信

亲爱的青少年朋友：

你好！

感谢我们在"朋友圈"相遇，开始这趟特殊的互联网交际之旅。线上朋友圈究竟是何物、朋友圈隐藏了哪些心理密码、如何玩转你的线上朋友圈、怎样提升朋友圈的质量与水平……让我们一起跟随本书寻找答案吧。

本书分为八个章节，每一章节均由四个板块组成：板块一"TA说"讲述线上交友的案例；板块二"科学解密"围绕案例从心理学的角度进行解析，为什么会出现这种现象、这些现象背后隐藏着什么样的心理学密码等；板块三"心理透视"从心理学或社会学角度解析朋友圈对我们的影响，帮助我们解决朋友圈交往的问题；板块四"发现新大陆"的趣味科普让我们脑洞大开，从另一个角度看到神奇的研究与世界。每一章节都以"具体案例—现象产生的原因—心理学分析或应对方式—扩展内容"的框架进行讲述，你可以很容易地利用书中的具体操作方式，应对生活中遇到的线上交友问题。

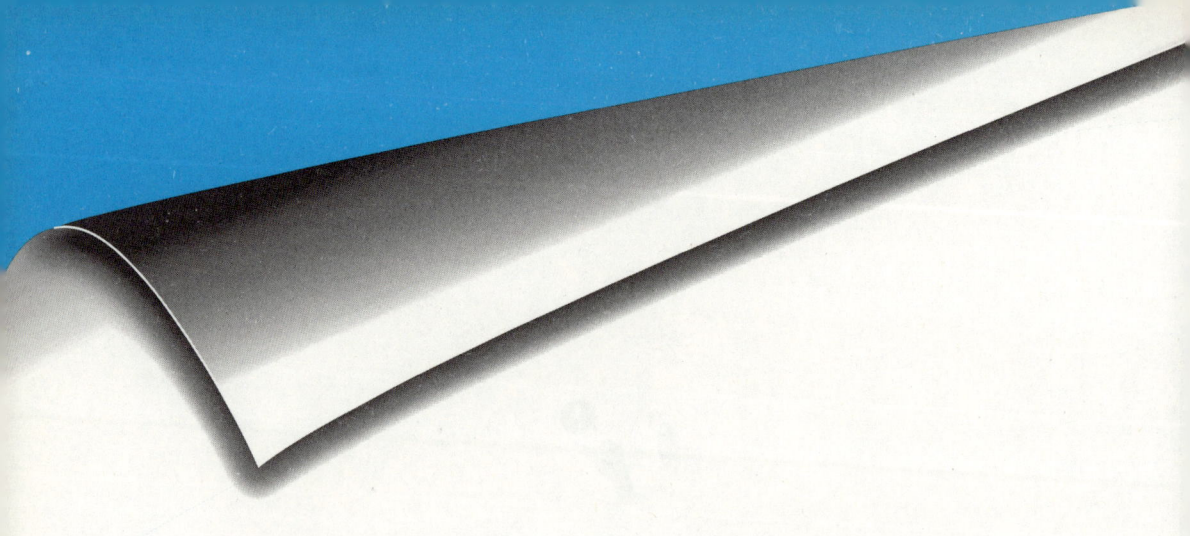

但是，请你千万不要这样使用本书：第一天很有兴致地翻看，随后束之高阁……建议你给自己三分钟的时间先去看看目录和感兴趣的内容，读着读着，你会感慨书中的内容太少，怎么一下子就读完了呢。

希望你在阅读完本书后，能够给我们好评或点赞。当然，如果你能将它分享给身边的朋友，帮助我们收获更多的赞就更好了！

目　录

第一章　"朋友圈"是何方神圣　001
第一节　我的朋友圈　002
第二节　我就是我，不一样的烟火　008
第三节　朋友圈的秘密　016

第二章　朋友圈的"火星语"　023
第一节　你的话我懂　024
第二节　你的表情我秒懂　031
第三节　你的段子我笑了　038

第三章　我的游戏世界　045
第一节　游戏公会不可弃　046
第二节　你的后背由我来守卫　053
第三节　大神，带我飞　061

第四章　朋友圈里的那些分享　069
第一节　与你分享我的悲欢　070
第二节　与你分享我的资源　076
第三节　我的朋友圈，我做主　083

第五章　你是朋友圈的奴隶吗　089

第一节　今天你刷了吗　090

第二节　放开我，朋友圈　096

第三节　不从众，做自己　102

第六章　有所为，有所不为　109

第一节　你是最后一根稻草吗　110

第二节　语言的艺术　116

第三节　"禁果"不可触　124

第七章　保护自己，我们都可以　131

第一节　约不约？不约！　132

第二节　钱包君，别走　139

第三节　你的隐私安全吗　146

第八章　朋友圈通关之路　153

第一节　向上吧，少年　154

第二节　优秀者的成长之路　161

第三节　我的时间我做主　168

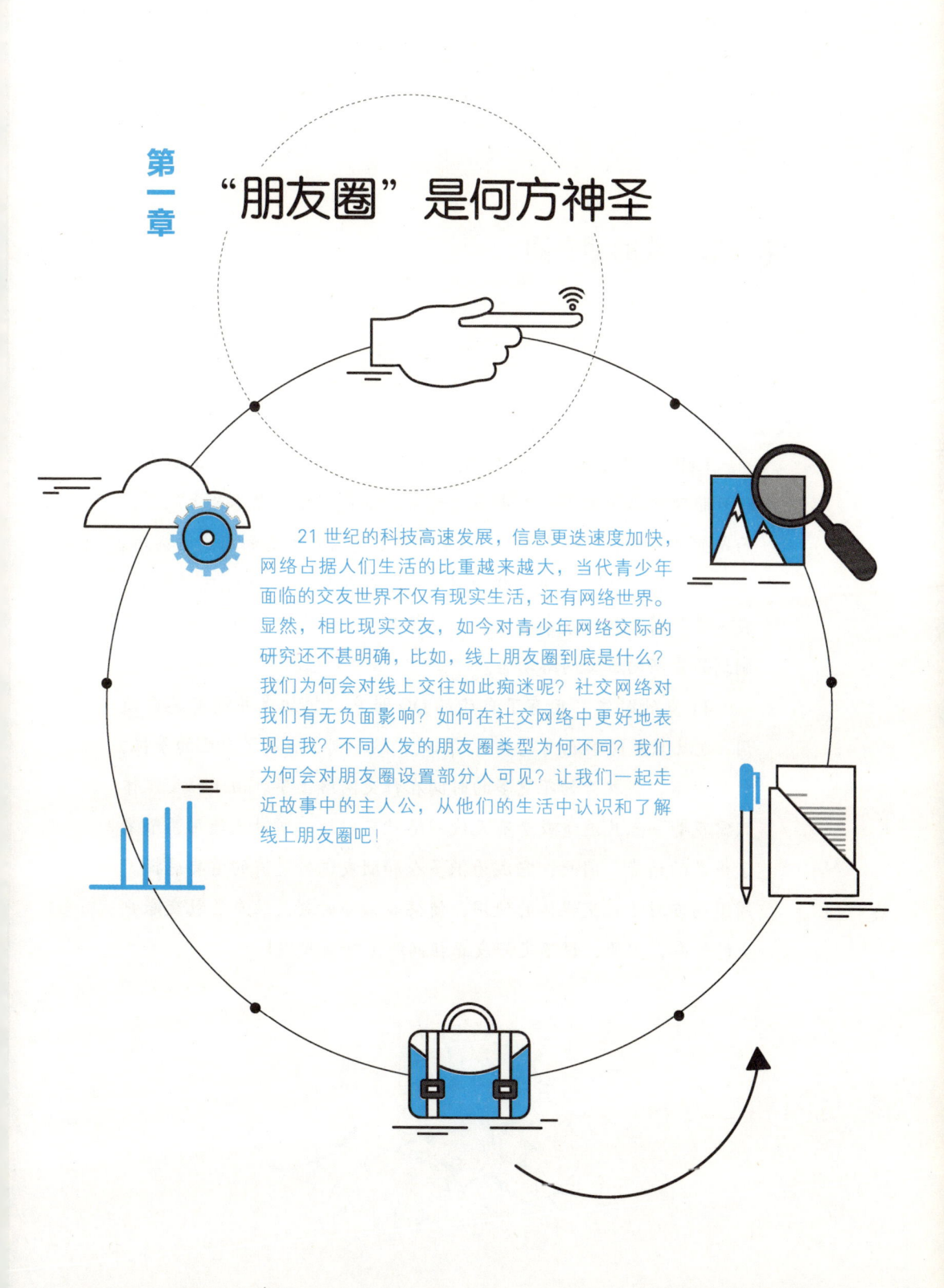

第一章 "朋友圈"是何方神圣

　　21世纪的科技高速发展,信息更迭速度加快,网络占据人们生活的比重越来越大,当代青少年面临的交友世界不仅有现实生活,还有网络世界。显然,相比现实交友,如今对青少年网络交际的研究还不甚明确,比如,线上朋友圈到底是什么?我们为何会对线上交往如此痴迷呢?社交网络对我们有无负面影响?如何在社交网络中更好地表现自我?不同人发的朋友圈类型为何不同?我们为何会对朋友圈设置部分人可见?让我们一起走近故事中的主人公,从他们的生活中认识和了解线上朋友圈吧!

第一节　我的朋友圈

TA说

Hello，我是A，今年15岁。假期一开始，我每天早上醒来，睁开眼睛之后做的第一件事不是起床，不是刷牙，更不是上厕所，而是登录我的社交媒体账户，及时刷新，查看是否有新消息的提示。

一天24小时，我基本做到了"机"不离手。就比如，吃早餐时，我一手拿着手机一手拿着食物，早餐是否美味我不记得，但我记得刷到的最新的社交网络动态。

11岁的时候，我有了自己的QQ账户，起初我并没有怎么使用，也就只是简单地浏览一下。但是，13岁时，我有了自己的手机，自那以后，我就开始花更多的时间在社交网络上了。由于社交媒体只需花费一点儿流量或者有无线网络就可以随心所欲地使用，节省了很多的话费，因此，它成为很多人和朋友进行交流的首要选择。周围朋友对于社交媒体的使用，使得我必须时刻关注自己社交账户上的信息，因为，说不定好友正在网络上呼唤我呢！

我在另一个社交软件上有560个粉丝，我经常在那里上传自己的照片或者与朋友的合影，认识的、不认识的人经常会在我发的动态下面发表评论，或点赞、转发，这给我带来了一些愉悦的体验。但有时候，我非常担心人们如何看待我，所以，也曾想过删除自己所发的动态。不过我从未真正实施过，因为那相当于"社交自杀"！

这就是我——一个沉迷于社交网络的少年的"自白书"。

科学解密

A的生活最离不开的是什么？

你答对了，是手机。A说，因为周围的朋友都在使用社交媒体，所以自己也不得不时刻盯着手机。这也是很多人开始使用社交媒体的原因。最后，他发现现实中的朋友不再热衷于面对面的交流，而是喜欢通过社交账户构建起来的线上朋友圈进行交流。

这在社交网络快速发展、日益重要的时代显得不足为奇，那社交网络究竟是如何发展变化成现在的样子的呢？

由于我国计算机技术的发展以及电脑的普及较晚，1999年，天涯社区的建立才标志着我国开始进入社交网络时代。进入21世纪之后，伴随着智能手机的普及和新浪微博、微信等社交软件的出现，我国的社交网络才逐步走向繁荣，出现了线上朋友圈。

既然线上朋友圈的发展史如此的短暂，那么为何青少年会如此痴迷于线上交往呢？

一、线上社交的原因

1. 匿名性与现实性的结合

社交网络起初是论坛的形式，每个人在网上都是匿匿的，这样的形式一开始很受大家欢迎，因为大家可以在这个虚拟空间自由地表现自己。但随着网民群体的渐渐壮大，匿名性带来的安全隐患也开始浮现。因此，现在许多社交媒体要求用户进行实名认证，人们开始在社交网络上建立

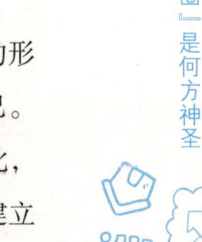

以现实好友为基础的朋友圈。

所以在现在的社交网络中，你既可以选择以真实的姿态出现，也可以选择以匿名的方式出现，这使得青少年不仅可以在线上交往中加强和熟人的熟识程度，也可以更安全地和实名认证的陌生人进行交流。

2. 平等与开放性

在社交网络中，每个人都有相同的话语权，这赋予了线上交友更高的平等性和开放性。社交网络提供的只是一个交流平台，你可以看到别人发表的动态或见解，也可以发表自己的动态和见解，你的社交媒体你做主。在这样自由平等的环境下，每个人不仅是信息的接受者，同样也是信息的传递者，青少年可以通过别人的回复和反馈、粉丝关注等更加了解自己。

3. 社交娱乐两不误

从社交功能方面来说，青少年可以利用社交网络便捷、快速、低成本地建立并维系自己的人际关系；从娱乐功能方面来说，娱乐消遣也是青少年使用社交网络的一大动机，通过社交网络和朋友分享有趣的信息，使自己身心愉悦。青少年认为社交网络很有趣，很希望登录社交网络，并乐于使用它打发时间。

二、社交网络的影响

青少年的心理还未完全发育成熟，对事物缺乏全面的认识，缺乏自控力，所以会更多地受到社交网络的影响。

1. 线上社交火热，线下社交冷淡

社交网络某些程度上确实帮助了人们表达自己、宣泄情绪，维持了朋友间的联系，但是如果过度依赖线上社交就会导致对线下的社交缺乏动力，减少对社会实践的热情。有同学反映在线上进行社交是一件更轻松的事，思维也会更加开阔。相反，线下社交却是那么无聊，而且和人交流时也不知从何说起，很是尴尬。

2. 沉迷于社交网络，忽视学习

在社交网络中，青少年可以隐藏自己在现实世界中的真实身份，重

新构建一个新的自我参与到社交网络中。这种新的沟通互动方式冲击了传统青少年社会人际关系的基础，也使一些青少年因为过度依赖网络而影响到生活与学习，并且导致了青少年线下社交的弱化。同时，青少年在使用社交网络时接触不良信息的概率也在增大。

3. 容易受到不良文化的影响

社交网络传播着各种信息、各种思想、各种文化形态，而青少年正处于一个求新立异的阶段，追求个性化。这种心理一旦被有心之人利用，将会带来很多恶劣的影响。同时，社交网络的话题与信息是碎片化的，缺乏广度和深度，常常会对青少年产生误导。而且，经常浏览此类信息不利于青少年的理性思考，导致他们只关注转发量和评论量。

针对社交网络的弊端，我们可以采取什么方式应对呢？

①加强网络教育的学习，提高自己的自控能力，对社交网络的使用有一个正确的认识，让其为自己的学习生活所用；②合理分配自己使用社交媒体的时间，不要过分沉湎于其中，影响自身正常的学习生活；③在保证安全的前提下，和志同道合的人构建兴趣群组，平时可以在群内积极交流自己的想法，共享资源。

心理透视

既然过度使用社交媒体可能带来如此多的不良后果，为什么有一些同学还是沉迷于线上社交中无法自拔呢？这一现象的心理学原因是什么呢？

1. 喜欢被"赞"，对自我认同的渴求

目前大多数社交媒体都有点"赞"功能，然而这个点"赞"功能一不小心就成了箍住我们的"紧箍咒"。

青少年喜欢被"赞"的原因在于对自我认同的渴求。当我们收到朋友点的"赞"时，就认为自己获得了朋友的肯定、认可，收获的"赞"越多，在他人那里得到的认同、满足感就越多，从而在一定程度上消除

了对自我的怀疑，有利于自我认同感的产生。被"赞"是一种无形的奖励，很容易让我们迷恋这种被肯定的奖励，迷恋线上社交。

2. 展示自己，自我呈现的表现

我们都知道，社交媒体中的功能设置繁多，比如头像、背景图案、聊天字体、状态发布等个性化设计。这些个性化设计为用户提供了充足的自我展示和自我表达的机会。我们可以在社交媒体上自由地展示自己想要展示的形象，可以使发布的信息仅对某人可见，可以选择发布照片还是文字……

这样一种自主性可以使青少年最大限度地展示自己，这是青少年自我呈现的一种便利方式。在现实生活中，由于地理位置的限制，人们不能尽情地表现自我，而在网络空间中，这种地理限制就不复存在了。因此，青少年有更多的机会向好朋友、熟人甚至是陌生人尽情地展示自我，但在认识的人面前，他们在网络中展示的自我形象会影响到他人对现实中的自己的直观评判和看法。这种虚拟空间和现实世界的有机结合，会使得青少年更重视自己在现实朋友圈中所展示的形象，因此他们会更慎重地展示自我。

3. 远离孤独感，获得内心的归属感

我们都害怕孤独，加入团体能够感受到温暖，能获得帮助和爱，产生安全感，这种需要就是归属感的需要。归属感不仅与现实中家庭、同伴和学校的接纳有关，与社交网络的使用也息息相关。研究者对社交网络用户进行调查，发现了三个有意思的现象：①社交网络上的好友数量越多，获得的归属感越强；②在现实中被排挤的个体往往相比其他个体更早注册社交媒体，这可以在一定程度上减轻他们的孤独感和被排挤的痛苦；③现实中孤独感和焦虑感较高的个体比其他个体更频繁地使用社交媒体来和其他人联系。这三个现象说明社交媒体可以给青少年带来现

实中缺少的归属感，让他们体会到安全感和来自社会的温暖。

发现新大陆

互联网时代，我们花费了大量时间在网络社交上，尤其是智能手机普及后，随处可见"低头族"。很多人评论说是大家离不开互联网，其实人们离不开的不止互联网，还有社交。互联网社交，说到底也还是人的社交活动，目的还是保持和亲朋好友的联系。社交是人类不可或缺的一项重要活动，在人际交往包括网络交往中，遵守一些原则可以拉近彼此之间的距离，建立友谊。

1. 真诚原则

近年来，网上盛行一个词语"套路"，随后又流传"多点真诚，少点套路"。由此可见，大家对真诚的看重。这是因为我们人类会本能地选择给我们安全感的环境。不真诚的人使人无法信任，使人需要时刻提起提防的心。所以对于那些不真诚的人，大家往往选择拒绝和逃避。因此，在社交过程中，首先要做到的就是真诚。不过在互联网社交中，真诚不代表什么都说，也要注重隐私的保护。

2. 相互原则

相互原则，简单来说就是你对别人怎么样，别人会用同样的方式对待你。生活中，我们会发现，那些对我们表示喜欢的人，我们也会更喜欢他们；当陌生人向你微笑时，你也会不由自主地回报一个微笑；当你有困难时，你的朋友向你伸出援助之手，下次你的朋友遇到了困难，你也会更乐意帮助他。因此，如果你想建立良好的人际关系，就需要学会接纳对方，喜爱他们，并保持主动。

第二节　我就是我，不一样的烟火

TA说

　　打开家门，脱掉鞋，一屁股瘫坐在沙发上，"真舒服啊"，A在心中感叹一声。接着，掏出手机，再调整一下坐姿，打开微信，顺势点开朋友圈。

　　进入眼球第一条，老爸转发的"养生鸡汤"——《晚上喝三口水竟然这么重要，大部分的人都不知道》，底下大姨、老妈纷纷点了赞。

　　"唉，这水难道是'神仙水'吗？什么时候才能不转发这些"养生鸡汤"啊？好想屏蔽啊！"

　　第二条，同学小B，一个有点儿好看的女同学，发文"今天天气真好"，配自拍一张。

　　"又是自拍，她真是自恋。"

　　第三条，同学C，王俊凯的迷妹，果不其然又是——"小凯，你最棒"，配图王俊凯。

　　"一看她的名字就知道下面的图片就是王俊凯了，中毒太深，花痴一个。"

　　第四条，同学D，大大咧咧的男同学，他发了一行文字："最好的朋友是你们静坐在游廊上，一句话也不说，当你们各自走开的时候，仍感到你们进行了一场十分精彩的对话。"

　　"看不出来他居然这么文艺，他的朋友指的是谁？这么多人给他点赞，我也点赞好了，待会儿看看有谁评论。"

第五条，好久没有联系的朋友E，一个学习超认真的"学霸"，转发了英语学习的干货资源。

"这个资源似乎还挺实用的，点赞。"

……

不知不觉，刷着刷着半个小时就过去了。"每个人的朋友圈都不一样，大家的生活真丰富啊，我刚刚去的那家日式料理很好吃，我也发个动态好了。"A这样感叹道。

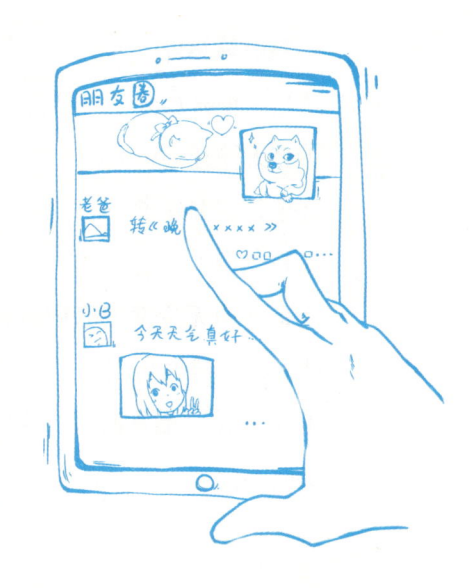

科学解密

A的朋友圈有没有给你一种似曾相识的感觉？为何A的不同好友发的动态截然不同呢？

这是因为个体的心理需求不同造成的。

"老爸"类型的个体处于中年阶段，会将更多的关注放到自身的健康上；"好看的女同学"类型的个体从小到大都可能会听到他人对其相貌的夸赞，久而久之，他们就会希望自己可以一直受到他人的赞美，通过他人对自己相貌的夸赞获得自我认同；"迷妹"类型的个体将自己喜欢的偶像当成了调节自我心情的一味良剂，心情低落时，只要看到自己的偶像还在努力拼搏，自己也会受到鼓舞；"文艺"类型的个体在心情起伏时，就会需要一些情感型的文字抒发自己当时的心情，不吐不快；"学霸"类型的个体以学习为己任，自然更多地关注相关的学习资源。

一、发朋友圈的类型

朋友圈里的好友各有各的生活，发的动态也不相同。在以下5种类型中，你朋友圈的好友属于哪一种呢？

1. 自我表达型

这是一种喜欢分享自己喜怒哀乐、大事小事的人群，常见句式有：

①今天好开心……

②今天倒霉死了……

2. 自我型

这是一种无论发什么内容都喜欢标注自己的位置，喜欢直播自己的生活的人群。常见句式有：

①我在××餐厅吃饭，这里的××好好吃哦……

②演唱会进行中，看到爱豆好开森……

3. 无我型

这类人群从不发和自己相关的信息，比如心情、位置，和前两种人群刚好相反，他们会发各种各样的分享，比如新闻、音乐、文章、电影、电视和体育等信息。

4. 自我监控型

这是一个喜欢删照片，不定期清空自己状态的人群。他们会经常浏览自己的主页，看看自己都发过一些什么信息。对不满意的动态，他们会进行及时清理。

5. 社交型

这一类型的社交媒体使用者相比自我型会更多地提及自己的朋友和社会活动，并会特意地@一下朋友。常见句式有：

美好的一天，和好朋友在一起。@×××

二、刷朋友圈的影响

每天刷朋友圈时，都会看到不同好友发的不同类型的动态，这对我们产生了怎样的影响呢？

1. 获得不同的资源

好友分享今天在哪儿吃了一顿日式料理，感觉还不错；好友分享哪家理发店正在搞周年庆活动，特别划算；好友分享了一篇英语学习资源，很实用……从朋友圈中，好友的分享可以让我们获得不同的资源，找到适合我们的生活方式、学习方法等。

2. 产生厌烦的情绪

现今是一个网络的时代，也因此产生了很多新的事物。微商的出现、每天的刷屏、朋友圈中不断求同学们投票的行为等等，都会使其他人不胜其烦，影响其做事情的效率，使之产生厌烦情绪，想要远离这样的动态。

3. 增进相互的了解

不管是爸妈发的养生文章还是朋友发的感慨型文字，都会增进我们对他们的了解。在现实生活中，或许我们认识的某个熟人不会将自己今天发生了什么糟心的事情告诉你，但当他在网络中倾诉自己今天的遭遇时，我们可以了解到原来今天他是这样过的。从其他人展示在网络上的内容中，我们可以更加了解网络中的他们，进而加深和他们在现实生活中的关系。

4. 消息的可延迟性

日常生活中，朋友或同学找到一份不错的工作或学习资源，想把这个好消息分享给我们时，如果我们因为有事身处其他地方，可能会错过好友的分享。而在网络空间内，好友将信息发到朋友圈中，当我们有空的时候，刷朋友圈就会看到这些好消息。

现实生活中，当我们对他人的分享和自身相关的事情做出反应时，总会受到地域和时空的限制。而在网络空间的朋友圈中，由于消息的可延迟性，就算相隔万里，几天前发的一条动态，我们一有时间就可以看到，

并做出相应的反应。

心理透视

大家都喜欢使用社交网络，但是不同的人使用的习惯也不一样，有人喜欢评论，有人喜欢点赞等，这一现象背后存在的原因可能是什么呢？

其实，每个人表现出不同行为的很大的一个原因是个体自身的原因，其中人格是主要原因。人格是指个体在社会生活中表现出来的稳定的样子和个性，类似平时说的性格。人格主要分为外向型、情绪型、开放型、宜人型、责任型。

不同人格在社交媒体的使用上呈现出不同的风格和方式。

1. 外向型的个体在社交媒体中很受欢迎

外向型的个体在现实中通常表现出喜欢交朋友，爱好交际，喜欢参加各种活动。那么他们在社交媒体上会是怎么样呢？

答案是，和现实中一样——"爱交际"。

①外向型的个体和非外向型的个体相比，拥有更多的线上好友，有更多的线上交流和互相点赞评论；②由于外向型的个体和外界交流的需求更多，所以他们喜欢和他人交往，不喜欢自己独自安静地待着。

社交媒体的存在刚好能充分满足他们的这种需要，于是他们很青睐网络社交这种交友形式，大家所看到的也是一个到处都有朋友，"很受欢迎"的形象。

2. 情绪型的个体易成为话题讨论的主角

情绪型的个体在现实生活中是一个活脱脱的"表情包"，各种情绪体验都比较丰富，且容易被各种事情影响自己的心情和行为，在网上也会表现出情绪性的一面。

①出于对外界的敏感反应，情绪型个体较少上传自己的照片；②与人沟通时很愿意"暴露"自己，喜欢将自己真实的一面展现出来；③话痨，在社交媒体上会进行比较多的交流，喜欢参与谈论各种话题；④在网上

发表的言论"感情色彩"比较重，而且会发布较多消极的信息。

由于情绪型个体在发表自己的看法时带有很重的感情色彩，讲出了别人的心声，引发大家的共鸣，于是乎，就成了某话题的主角。

3. 开放型的个体喜欢换头像

开放型的个体在现实中给人的印象是"冒险家"，喜欢体验各种新鲜刺激的活动，寻找新体验。那么在社交媒体上他们会是怎么样的呢？和现实中一样，开放型个体喜欢探索社交媒体的各种新功能。

你会发现，身边符合"爱探索"的这个特点的人往往喜欢频繁地更换社交媒体上的主页照片，更换"头像"或是换"皮肤"、换"字体"等等。

和情绪型个体恰好相反，开放型个体不喜欢在网上发表消极的信息，这可能是因为开放型个体比较想要树立一个正面的形象，得到大家的认可，所以一般只发布一些被社会所接受的信息。

4. 宜人型的个体喜欢刷朋友圈

宜人型的个体在现实生活中是善解人意、体贴的"知心姐姐"形象，经常帮助大家。那么在社交媒体上呢？他们会不会借此途径把自己的烦恼在这里进行宣泄呢？

事实是，不会的。

①宜人型的个体在社交媒体上也会考虑大家的想法，更多的是想要表现自己谦逊、热情的一个形象；②会发出"我愿意帮助你"的信号；③细心关注周边的人的动态，比较明显的一个行为是会经常刷朋友圈，浏览大家的主页，其中既有自己的好友，也可能是好友的好友。

5. 责任型的个体不喜欢使用社交媒体

"严谨""认真""自控能力强"的人在社交媒体上会是怎么样呢？

①他们本身对待学习或是工作有更大的责任感，加上自我控制能力比较强，因此，责任型的个体会倾向于较少使用社交媒体；②随着社交媒体在我们的生活中变得日益普及，男女老少都在用，许多工作和学习

都在社交媒体上进行，因此，责任型的个体虽然不喜欢使用社交媒体，但是也呈现出对社交媒体的过度使用现象了。

发现新大陆

你了解自己吗？你知道自己是上述人格中的哪一类型吗？如果你对自己还缺乏认识，不妨做做下面的测试吧，它可以帮你更清晰地了解自己。

以下测试共有10组描述，请凭自己的第一感觉判断每组描述和自己的相似程度。用数字1~7代表不同的相似程度。从1到7依次是完全不同意、基本不同意、有些不同意、既不同意也不反对、有些同意、基本同意和完全同意。下面开始测试。

你觉得自己是：

①外向的，精力充沛的；

②爱批评人的，爱争论的；

③可信赖的，自律的；

④忧虑的，易心烦的；

⑤易接受新经验，常有新想法的；

⑥内向的，安静的；

⑦招人喜爱的，友善的；

⑧条理不清晰的，粗心的；

⑨冷静的，情绪稳定的；

⑩遵循常规的，不爱创新的。

计分规则：

在该量表中，每种人格特质都对应一个正向计分题和一个反向计分题。用R表示反向计分题，反向计分计算如下：计算时需要将1分转化成7分，2分需转化成6分，以此类推。数字代表题目序号，将人格特质分数分别加起来，即可得到每个维度的分数。大五人格特质对应的题目分别是：

1. 外向型（①、⑥R）；2. 宜人型（⑦、②R）；3. 责任型（③、⑧R）；4. 情绪型（⑨、④R）；5. 开放型（⑤、⑩R）。

结果分析：

每个人的人格都不是单纯的一种维度，而是各种维度混合在一起。通过上面的分数计算，你可以清楚地看到你在人格的每一个维度中的不同分数，相比之下，某一特别高或是特别低的分数是你平时主要表现出来的人格特质。具体的大五人格特质解释如下：

外向型，衡量一个人外向还是内向，活泼还是安静，热情还是内敛的分数指标。这个指标分数高说明你是外向型的，较低则说明是内向型的。

情绪型，衡量情绪属于稳定还是波动比较大的指标，得分较高的人属于情绪型的人，通常表现出容易焦虑、压抑、冲动等特性。

开放型，衡量一个人是想象能力强还是比较务实，求新还是朴实。这个指标得分高的人通常表现为具有想象力、情感丰富、富于创造和智慧。

宜人型，衡量一个人热情还是冷淡，信赖还是怀疑。这个指标得分高的人通常表现出乐于助人、合作、谦逊、热心等特性。

责任型，衡量一个人为人处事是谨慎还是粗心，自律还是意志薄弱。责任型得分高的人通常表现出公正、有条理、尽职、有成就、自律、谨慎、克制等特点。

第三节　朋友圈的秘密

TA说

有一天，小Q的微信收到一条请求加好友的通知，他迅速地点开，发现居然是自己的母亲大人！通过还是拒绝呢？经过几番思想斗争后，小Q将母亲加为了好友。在接下来的几天里，小Q发了这样几条朋友圈。

朋友圈一：放假三天，在图书馆，远离生活的烦恼，沉浸在书与知识的海洋，觉得很充实。配上图书馆抱书自拍。

母亲评论：宝贝儿子，要照顾好身体。

朋友评论：你的微信是不是被盗了？

朋友圈二：10点多了，要赶快睡觉，养成良好的作息习惯，拒绝熬夜。配上宿舍就寝自拍。

母亲点赞。

朋友评论：睡什么睡，起来high，你不知道有分组功能吗？

朋友圈三：天道酬勤，只要努力就一定会有收获，又一个100分到手。配上100分考卷照片。

母亲评论：儿子真棒。

朋友评论：开卷考试你装什么装。

系辅导员：下午来我办公室一趟。

朋友圈四：身体是革命的本钱，经常锻炼可以保证生理和心理的健康，一起跑步吧！配上操场跑步图。

母亲评论：知道锻炼就好。

朋友评论：体育课穿牛仔裤被罚跑的逗比。

朋友圈五：昨天晚上和同学在 KTV 唱了一晚的歌，好 Happy 啊！（屏蔽了母亲）

母亲无法看到。

朋友评论：对呀，玩得好开心啊，下次继续啊！

不想他人看到自己朋友圈的真实动态，因此选择屏蔽或者发虚假的正能量的动态。这，就是我们朋友圈的秘密。

科学解密

社交网络的火爆使得父母成为社交网络的忠实粉丝。同时，父母认为在社交软件上加自己的孩子为好友是正常的，所以越来越多的网友都走上了和小 Q 相同的道路。为什么小 Q 不愿意让母亲看到自己的动态或者发一些虚假的动态给母亲看呢？

这是由于，成长时代的不同造成了父母对事物的理解和子女存在差异。尽管这样，父母也还是希望和子女拉近距离，多了解子女一点。但许多子女理解这份苦心却不能完全接受，甚至对子女而言这是一份压力。许多人害怕只是随便的一句吐槽却被父母一通电话教育。于是，有人发朋友圈变得小心翼翼；有人选择分组可见，父母那一组永远是正能量、积极向上的状态；有人则直接屏蔽。

对于大多数人来说，他们都会和小 Q 一样，有自己朋友圈的秘密，那么这一现象会对青少年产生什么样的利弊呢？

1. 自己可以解决自己的事情

社交网络是一个宣泄情绪的平台。当学习上遇到瓶颈，或者不小心

着凉感冒，许多人会选择在社交平台上编辑文字或者上传一张符合心境的图片，将自己的情绪表达出来。但在父母眼里，孩子的任何小事都是大事，可能会出现过度的关心。因此，不让父母完全参与我们的社交网络，会让我们学会以自己的方式处理事情，获得心理的成长。

2. 避免误会的产生

网络文化天天都在更新，而父母相比青少年，对新鲜事物的接受速度比较慢，这就导致了在沟通的时候似乎有"代沟"：两人说的话一样，意思却相差十万八千里。比如，你发一句"呵呵"，你想表达的意思是无语、无奈，而父母接收到的意思是愉悦。因此，朋友圈的分组功能就能较好地避免这种尴尬。

3. 有自己的独立空间

社交网络为崇尚个性的年轻人提供了独立的展示空间，让我们在不开心时可以自在地表达情绪，这时对某一些人分组开放或屏蔽朋友圈能够更好地宣泄自己的情绪，也能得到更有效的沟通。

4. 可能导致沟通不畅

人为地设置朋友圈的屏障，刻意在社交平台保持预设的形象，可能会让他人无法获知真实的自己。同时，还有可能导致亲子沟通不畅，社交中出现误会，影响自己的学习效率等。

所以，我们在使用朋友圈的同时也要注意以下两点。

第一，放下手机，回归传统交流。机不离手导致我们将更多的时间给了互联网。如果我们试着抬起头，放下手机，与家人、朋友好好聊聊天，回归最传统的沟通方式，将爱落实到具体行动中，无论是刷屏还是屏蔽，就都是浮云了。

第二，耐心教会爸妈使用网络。互联网时代产生了一个有趣的现象，年轻人因为对新观念、新科技良好的接受能力而在许多方面都要胜过他们的前辈，长辈反而要向晚辈学习，这就是"后喻文化"时代的影响力。既然是"后喻文化"的时代，那我们可以做父母的老师，耐心地教他们使用网络，跟上时代的步伐。

心理透视

"朋友圈的秘密"体现的就是父母想要靠近，而青少年却想要远离的一种状态。父母永远在目送，孩子永远在向前，一个停留一个向前走，距离越来越远。随着年龄的慢慢增长，孩子与父母的关系也渐渐疏远，再也不像小时候那么亲密。这是为什么？这是由于青少年产生了"分离—个体化"的现象。

1. "分离—个体化"是什么？

一般来说，进入中学后，青少年开始有了更多的自主性和独立性，从以前依赖父母到开始有自己的想法，渴望脱离父母的控制，并努力发展家庭关系以外的其他社会关系。这就是青少年的"分离—个体化"，与父母分离，实现自己的独立自主。

2. "分离—个体化"的具体表现

为了实现自己的独立自主，青少年与父母保持距离，于是便会在朋友圈设置分组或者屏蔽父母。除此之外，在"分离—个体化"过程中，由于青少年追求独立自主，同时也在追求和父母关系的平等，希望父母尊重自己的想法，而不是把自己仍然当成不懂事的孩子看待。由于青少年要求的是更多的自主和自立，要逐步形成个体化的自我，追求大的成就，具有自我中心主义的热情、迫切希望展示自己的成功和领导能力，因此互联网成了我们体验成功和展现自我的平台。

与此同时，青少年对一些亲密关系（如同伴关系）的看法也会有所改变，开始建立家庭外与同辈、异性的重要友谊与恋爱关系等。处于青春期的青少年在疏远父母的同时会越来越亲近同伴，愿意花更多的时间和同伴相处，相信和信赖同伴。

3. "分离—个体化"——成长的必经之路

我们都知道，个体都需要独立地步入社会、适应社会，只有拥有独立自主的能力才能完成"孩子"到"成人"的过渡。"分离—个体化"能够帮助我们形成这种独立自主的能力，逐渐学会减少对父母的依赖，学会如何和他人建立亲密关系等。因此，"分离—个体化"是个体走上心理成熟的必经之路，只有经历并成功地走完这个过程才能形成清晰、稳定的自我界限，增强对自己的认识，增强自己的自信心和自尊感，减少对父母的依赖及对外界情感支持的需求，并和他人建立亲密关系。只有顺利地完成"分离—个体化"任务，我们才能实现身心的良好发展。

发现新大陆

青春期，又被称为"疾风怒涛期"或"暴风骤雨期"，处在青春期的青少年会出现强烈的情绪表现。这个时期，青少年的自我意识高涨，要求自主和独立。在和父母疏远的同时，还可能因为各种事情和父母发生争执。那么，当我们和父母发生冲突时应该怎么办呢？

1. 深呼吸。在心里默默地提醒自己：一二三，我要冷静。尝试着让自己的情绪平静下来，因为带着情绪大声说话对解决问题并没有什么帮助。

2. 及时沟通。任何冲突都是有原因的，也是可以通过互相沟通来解决的。父母和子女的经历不一样，对于问题必然会出现不一样的看法。父母考虑问题可能更全面，而子女则可能进行更多创新性的思考，这本身都有可取之处，两者的利益也是一致的，通过后期的沟通都是能够解决的。

3. 找出争论的问题所在并表达清楚。就事论事，不用"总是""一直"等词眼翻旧账，将此次争论的问题表述清楚。

4. 认真倾听父母的观点和感受，尝试理解父母行为背后的真实原因。

5. 表达自己的观点和感受，将自己的思考表达出来，让父母能够走进你的内心，体验和理解你内心的真实想法和感受。

6. 提出并和父母沟通可能的解决方法。互相表达完自己的想法后，挑选一个既能实现父母的想法，也能照顾到自己情绪的方案。

第二章 朋友圈的"火星语"

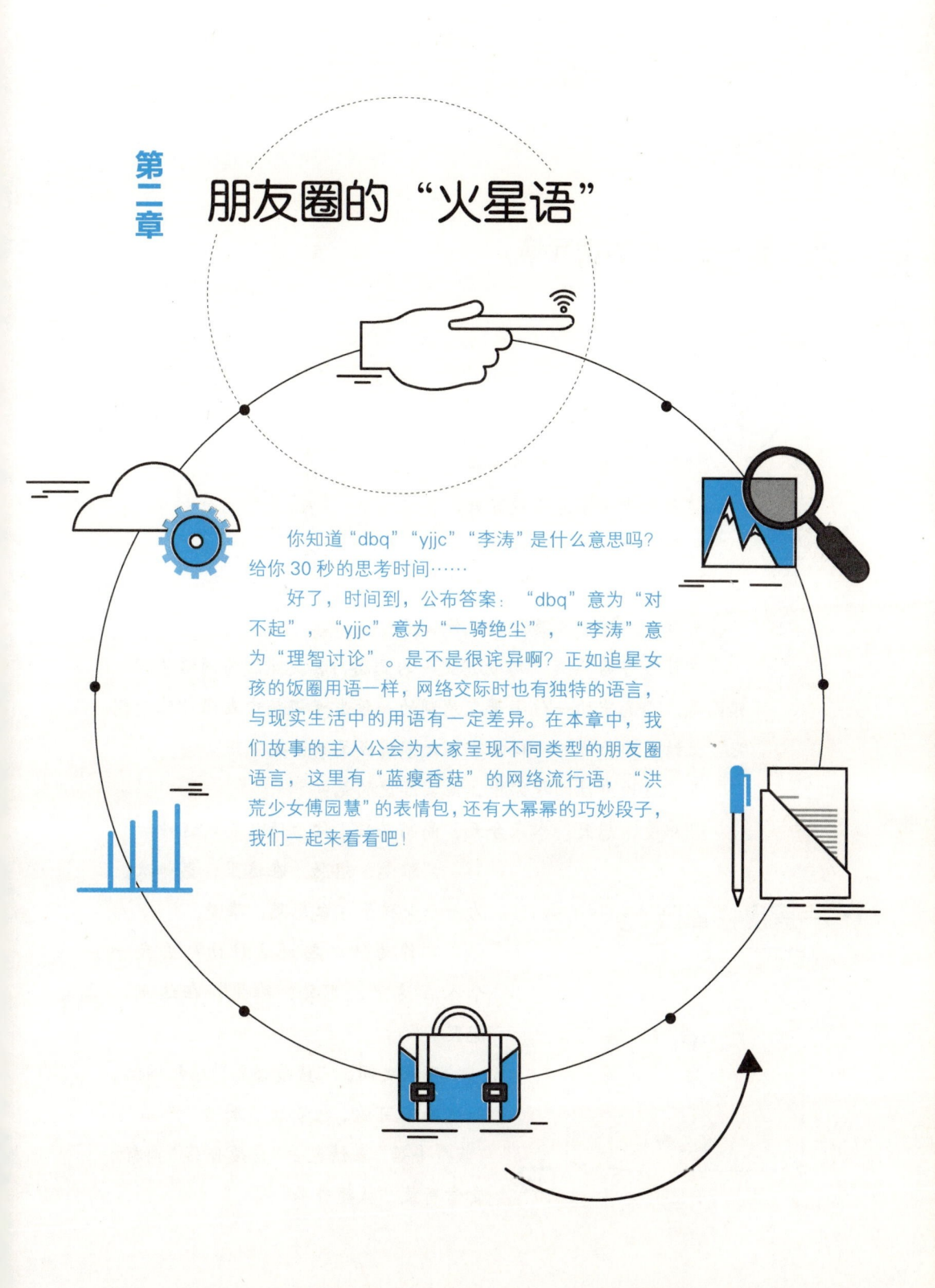

你知道"dbq""yjjc""李涛"是什么意思吗?给你30秒的思考时间……

好了,时间到,公布答案:"dbq"意为"对不起","yjjc"意为"一骑绝尘","李涛"意为"理智讨论"。是不是很诧异啊?正如追星女孩的饭圈用语一样,网络交际时也有独特的语言,与现实生活中的用语有一定差异。在本章中,我们故事的主人公会为大家呈现不同类型的朋友圈语言,这里有"蓝瘦香菇"的网络流行语,"洪荒少女傅园慧"的表情包,还有大幂幂的巧妙段子,我们一起来看看吧!

▶ 第一节 你的话我懂

TA 说

"最近冷死了,蓝瘦香菇。"

"考试考砸了,蓝瘦香菇。"

"作业太多了,蓝瘦香菇。"

"……蓝瘦香菇。"

那么,"蓝瘦香菇"到底什么梗?

"蓝瘦香菇"是"难受想哭"的意思,其突然成为网络热词,起因是广西南宁的一位小哥在录制的一段失恋视频中表示"难受想哭",结果因为他的一口方言,大家听成了"蓝瘦香菇"。

而在这段魔性的视频中,他实际说的是:

"难受,想哭。本来今天,高高兴兴,你为什么要说这种话?

"难受,想哭。在这里,第一次,为一个女孩子这么想哭,难受。

"你为什么要说这种话?丢我一个人在这里,想哭,难受,在这里,想哭。"

一夜之间,"蓝瘦香菇"爆红网络,一发而不可收,也带红了周边"产品":"蓝瘦香菇"表情包、"蓝瘦香菇"商标、食堂新菜"蓝瘦香菇"等。

科学解密

案例中的"蓝瘦香菇"曾风靡一时,是2016年、2017年的网络流行语之一。同时,与"蓝瘦香菇"类似的一大批网络流行语以其独特的魅力受到了年轻人的欢迎和广泛使用。

那么什么是网络流行语呢?网络流行语又叫网络热词,一般伴随现实社会新闻事件的发生而产生,从时间上来说,其迅速流行,短时间内生命力极其强大但并不长久;从空间上来说,这些语言最早从网络中产生或流行,然后凭借其巨大的影响力弥散至人们的口头语言体系中。

一、网络流行语的特征

1. 来源广泛

网络流行语的来源主要如下:

①方言,比如:筒子们(湖南)、酱紫(福建南平)、有木有(陕西、山东、河南等)、菇凉(兰州)、伐开心(上海)、蓝瘦香菇(广西南宁)等。

②外来词汇,比如:粉丝(fans)、爱豆(idol)、卡哇伊(かわい,可爱)等。

③热点新闻事件,比如:我已使出洪荒之力、你有freestyle吗、世界那么大我想去看看等。

④网民个性创作,比如:皮皮虾我们走、6666、你开心就好、尬聊等。

2. 使用群体具有层次性

网络流行语的使用在不同的群体中有差异,这种差异主要表现在年龄和性别方面。

①我国网民主要由10~19岁、20~29岁、30~39岁这三个年龄阶段的群体构成,所以网络流行语的创造者和传播者基本上也就是这些群体。

②网络流行语的使用存在性别差异,比如男性喜欢使用"牛×"等,而女性则更喜欢使用"嘻嘻""哒""滴"等。

3. 使用目的的多样性

由于使用者的复杂性，网络流行语的使用目的也具有多样性。

①消遣娱乐。年轻网民们在交流中创作了大量幽默、诙谐的网络流行语用以消遣娱乐、标新立异，同时对一些人来说，也是在宣泄情绪和压力。

②商业炒作。比如"We are 伐木累"是宣传一款综艺节目。

③暗讽社会现实。随着社会的发展，网络逐步成为民意表达的大众媒介，一些热点新闻的报道很有可能产生于网络流行语，比如"我爸是李刚"更多地表达了讽刺和无奈。

二、网络流行语的影响

我们在日常生活中经常接触、使用、传播网络流行语，它们给我们的生活及心理带来了哪些影响呢？

（一）网络流行语的利

1. 促进社会交往

网络流行语简洁、时尚、通俗易懂、沟通方便，能够有效提高交流效率，促进社会交往。

比如，和小伙伴交流时使用"为××疯狂打call""鬼知道我经历了什么""厉害了我的哥""扎心了老铁"等流行语言，不仅恰当地表达了我们此时的心情，提高了交流效率，也使我们的谈话更有趣，拉近了彼此的心理距离，产生共鸣。

2. 宣泄情绪，带来美好心情

幽默、诙谐的网络流行语在一定程度上能够帮助我们宣泄不良的情绪，带来美好心情，比如"6666""皮皮虾我们走""我可能复习了假书"等。

（二）网络流行语的弊

事实上，网络流行语在社会生活中发挥积极作用的同时，也产生了一些消极影响。

1. 挑战传统语言规范，影响优秀文化传承

一些网络流行语不规范，只能满足当下的需要，可能发生语言使用不符合逻辑或语境的情况。比如，"涨姿势""欧巴"等流行语在QQ、朋友圈等网络社交中是可以被接受甚至是受到欢迎的，但是在作文以及比较正式的文案中出现就不太合适了。

此外，一些经典诗词被恶改，使一些分辨能力尚浅的青少年产生了混淆，比如"飞流直下三千尺，不及汪伦送我情"，乍看难分对错，甚至让人一度想不起正确的两句诗词是什么。这类语句的流行在一定程度上影响了优秀文化的传承。

2. 诱发浮躁心态

一些网络流行语低俗，会显得使用者素质偏低，比如"带你装×带你飞""牛×"等等。还有一些流行语是对社会现象的嘲讽，或者是自嘲，比如"宁愿坐在宝马车里哭，也不愿坐在自行车后笑""如果有钱也是一种错，那我情愿一错再错"。青少年处于价值观发展的关键时期，如果他们经常接触这类价值观的表达，很容易变得浮躁，形成不当的价值观。

网络流行语既有积极影响，同时又有消极影响，那么我们应该对网络流行语持什么样的态度呢？

- 与时俱进，了解网络流行语言，赶上时代的潮流，同时，让网络流行语为我们所用，提高社会交往能力，通过其表达自己的心声、宣泄情绪、收获美丽的心情。
- 对于一些低俗、不规范的网络流行语，不使用和传播，更不要让其影响我们的价值观。至于如何分辨，则需我们多加思考，必要时可参考父母及老师的意见。

心理透视

网络流行语一拨拨出现，又一拨拨消退，出现的频率越来越高，那么我们为什么要使用网络流行语呢？

皮皮虾，我们走！

1. 求异心理：张扬个性

青少年对新鲜事物充满好奇心，喜欢标新立异，追求个性，具有较强的求异心理和表现愿望。而简练、个性、语句形式自由的网络流行语为青少年提供了一个张扬个性、表现自我的途径，使其显得比别人略微特殊，满足了其"我不普通，我够特别"的心理。

同时，在社会环境更宽松、网络功能多样化的背景下，青少年好奇求异、追求创新的心理促使形式丰富、多样化的网络语言不断涌现，如"怪我咯""城里人真会玩儿""贫穷限制了我的想象力"等。

2. 亲和需要：良好印象的需求

青少年在求异的同时，也有亲和需要，希望被人认同。亲和需要是指建立友好亲密的人际关系、寻求被他人喜爱和接纳的需要。

为了满足亲和需要，我们需要给他人留下一个良好的印象。在人际交往的过程中，我们会通过控制自己的言行以给他人留下一个好印象，这在心理学中被称为"印象管理"。所以在线上的网络生活中或现实生活中，一方面，我们会积极使用一些网络流行语，以给人留下有趣、可爱、个性等比较深刻的印象；另一方面，即使我们不太喜欢使用网络流行语，但是周围的小伙伴都在用，我们也会改变自己的言语及行为，以与小伙伴们达到一致，避免留下不合群的印象。

所以，在人际交往中，无论是主动运用网络流行语还是被动地顺应对方使用网络流行语，其实都反映了我们想给对方留下一个好的印象，以进一步满足亲和需要。

3. 宣泄心理：疏导情绪

在成长的过程中我们会有烦恼，会有压力，会有迷茫，也会有倾诉的愿望，但是社会对我们的言行有一定的约束，所以我们需要一种可以委婉、轻松表达自己情绪情感的方式。而网络流行语刚好具有这样的魅力，我们可以通过玩笑、调侃、自嘲等形式的语言调节气氛、放松心情、表达自己的态度、宣泄不良情绪。因此"no zuo no die"（不作死就不会死）、"你的良心不会痛吗""我已使出洪荒之力"等等这样一大波网络流行语迅速流行起来。

此外，当遇到一些不公平、让人无奈的情况时，年轻网民们倾向使用"被就业，被升学，被××""友谊的小船说翻就翻"等语句来宣泄情绪，表达内心的无奈和失落。

4. 从众心理：满足归属的需求

当我们处于群体中时，不管群体的行为方式与我们个人的是否一致甚至多么不同，往往会将群体的行为方式强加于我们自己，力求与群体保持一致。这就是从众行为的表现，这样我们会感到自己是群体的一员，产生一种归属感。

网络流行语的使用也是一样，当看到一些"大V"以及身边的小伙伴都在使用某一流行语时，我们会使用与其一样风格的语言，进而获得归属感。再加上网络流行语时尚、贴切、形象、符合实际、含有更多的人性和情感，因此更容易受到大众的认可，从众行为也更容易发生。

你是出于上述哪些原因使用了网络流行语呢？

发现新大陆

《咬文嚼字》是国内知名语文刊物，素有"语林啄木鸟"之称，该杂志每年会结合流行度和创新度评选年度流行语，但同时为引导健康的生活文明用语，低俗的、带有社会歧视意味的、不规范的词语不会纳入评选范围。2018年12月3日，该杂志公布了2018年十大流行语：命运共同体、锦鲤、店小二、教科书式、官宣、确认过眼神、退群、佛系、巨婴、杠精。2017年12月12日，该杂志公布的2017年十大流行语包括：

不忘初心、砥砺奋进、共享、有温度、流量、可能×××假×××、油腻、尬、怼、打 call。

同时,教育部基于国家语言资源监测语料库(网络媒体部分),采用"以智能信息处理技术为主,以人工后期微调为辅"的方式提取获得了 2018 年中国媒体十大流行语:宪法修正案、命运共同体、进博会、贸易摩擦、锦鲤、板门店宣言、立德树人、"一箭双星"、幸福都是奋斗出来的、改革开放四十周年。2017 年十大网络流行语包括:打 call、尬聊、你的良心不会痛吗、惊不惊喜意不意外、皮皮虾我们走、扎心了老铁、还有这种操作、怼、你有 freestyle 吗、油腻。

尽管评选标准与评选渠道不同,但是教育部和《咬文嚼字》的评选结果都是类似的,不同的是教育部更注重网络用语的流行度。

每一年的流行语,都记载了一个社会当时的集体精神状态,沉淀着当时社会物质、精神、文化、心理等方面的集体记忆。这些流行语有多少是你了解并且曾经使用过的呢?

第二节　你的表情我秒懂

TA说

2016年的里约奥运会上，一位充满魔性的女运动员进入了人们的视线，她被誉为"游泳界的一股泥石流"。想必大家已经猜到她是谁了吧？是的，她就是我们所喜爱的"洪荒少女"——傅园慧。

事情的起因是这样的，且听我娓娓道来。

时间：2016年8月8日

地点：里约奥运会游泳馆内

人物：傅园慧、女记者、围观群众若干

原因：傅园慧在女子100米仰泳半决赛后接受女记者的采访。

经过：在接受采访之前，傅园慧并不知道自己以58秒95的成绩成功晋级女子100米仰泳决赛。对话由此展开——

女记者：知道你游了多少吗？58秒95。

傅园慧（一脸震惊）：58秒95？！我有那么快？

女记者：自己都没想到？

傅园慧：我以为是59秒，我有那么快，我很满意。

女记者：很满意是吗？觉得今天这个状态是有所保留吗？

傅园慧：没有，我已经使出我的洪

荒之力了。

女记者：……（内心独白：我要怎么接啊？）

傅园慧：哈哈哈。（高兴地一路小跑而去）

结果：奥运奇女傅园慧"一访成名"，收获大批粉丝。

傅园慧在奥运会采访视频中的表情及动作引起了国内及国外网友的竞相模仿，大家都被这个真实、可爱的她所俘获了，并且她也成为表情包届冉冉升起的一颗新星，征服了广大的网友同胞们。

那么，你的朋友圈是否也被她所征服了呢？

科学解密

一个不足三分钟的视频，让一个"90后"小姑娘在里约奥运会期间顷刻走红全中国，产生了大量搞笑的表情包，她究竟有什么魔力？

奥运会比赛，不仅对于运动员来说是一个神圣、紧张的事件，对于各个国家来说也是如此。在充满竞争性、压力性的环境下，一个不按套路出牌的女运动员在接受采访时以真诚、乐观、幽默的话语打动了观众，再加上搞怪的表情，于是人们瞬间被她吸粉了。而处于全民社交表情化的大背景下，傅园慧表情包的走红就显得理所当然了。

而傅园慧表情包之所以深受大家喜爱，是因为大家都中了一种叫"不发表情会死"的毒。试想一下，当你在网上和他人交流时，给你两种选择：一种是只发文字，不能发任何图及表情；一种是只发图及表情，不能发任何文字。你会选哪一种？是不是感觉左右为难，无法抉择？

表情包之所以成为我们线上交友不可或缺的一部分，通俗来说，理由大概如下：①避免冷场，化解尴尬，使对话更好地进行下去；②可以更好地表现人们内心的真实想法；③给人一种轻松的聊天氛围；④更有趣味性；⑤简单方便，节省了打字的时间；⑥大家都在使用表情包，自己不用的话可能会显得很"out"；⑦文字不够，表情来凑。总而言之，人们因为使用表情包而能够更好地进行沟通。

身处"无表情不社交的时代"的我们,如何合理地使用表情包,这是一个值得我们思考的问题。

1. 过犹不及,不做字盲

当我们使用表情包时,也可以适当地锻炼我们的文字功底,千万不要出现类似于"提笔忘字"的现象。美国理论家丹尼尔·贝尔曾说过:"当代文化正在变成一种视觉文化,而不是一种印刷文化,这是千真万确的事实。"虽然不可否认的是表情包是对我们这个视觉文化时代的一种迎合,但是语言表情达意的能力也是不可丢失的,在这个时代,我们还是需要注重语言表达的。

2. 注意场合

当朋友在和我们倾诉他们心中的烦忧时,我们需要做的是静静聆听,如果向对方狂甩安慰的表情包,会让人觉得不真诚,使对方没有继续交流下去的欲望,因此,使用表情包时要注意谈话的语境、场合。

3. 使用趣味表情包

我们在选择表情包时要注意趣味性,如果你发的表情包趣味性很强,则会引起交流对象的喜爱,还会营造恰当的交流氛围,最终收到良好的沟通效果。现在的年轻群体较偏向于使用贱萌系的表情,这可能和我们国家的文化氛围有关,我们本身是传统的,但是内心有时却是奔放的。

4. 做正能量的使者

有研究发现,最受欢迎和影响力最高的推特(Twitter)用户发送的推文中使用了很多正能量表情。因为衰脸表情往往和不受欢迎联系在一起,所以受欢迎的用户往往用文字而不是衰脸表情表达负面情感。因此,我们尽量不要经常使用负性表情包。

5. 我的态度

随着表情包的普及，在社交平台或者社交软件上使用表情包需要规范一下了。中国社会科学院语言研究所副研究员唐正大指出，对于表情包这种随互联网社交应运而生的新型语言符号，我们应该持积极和欢迎的态度。表情包是积极的交际符号，大多是"绿色无公害"的，但仍有少部分表情包的图片或者文字出现不道德、触犯法律底线的内容，对于这类表情包，我们要坚决抵制，营造良好的表情包使用环境。

心理透视

表情包为什么这么受欢迎呢？可能有以下这些原因。

1. 我的身体要说话

在虚拟的网络空间中与小伙伴们进行交流，可能纯语言文字并不能表达我们所有想要传达给对方的心意和情感。由于物理空间的存在，线上朋友圈中的沟通缺乏表情、动作、体态等辅助手段来进行，就会出现"交流暗示缺失"现象，而表情包通过对表情、动作的模拟夸张，以图像化的形式完成了旁白式的传情达意，通过简洁的图像设定了沟通的情境，恰好弥补了这一缺点。

2. 你真诚吗

在刚开始交流时，我们就应该遵循交际氛围定律，即营造交际的氛围，这有助于社交的成功。在我们所使用的表情包中，任何一种表情都会有其特定的含义，可以用来传达我们内心真实的想法或情感。不管是积极的还是消极的想法或情感，只要向对方发送蕴含着自己现有想法或情感的表情包，就可以清晰明确地将自己的心境如实传达给对方，还可以提供一种诚实的交流氛围，这样会使我们交际成功的可能性变大。

3. 冰块融化了吗

当我们和朋友的交流陷入冷场或想要转移话题时，我们可能会发送一些有趣的表情包来缓解尴尬的局面，使交流能够继续进行下去，这就称之为"暖场效应"。

4. 我们是主角

当我们和别人交流时，你有没有意识到自己身上的一切都正被别人关注着？这就是"焦点效应"。它反映的其实也是人们内心一种希望得到他人关注的心理需求。当我们和朋友进行线上交流时，希望自己可以得到关注，因此可能会发一些独特、有趣的表情包来提升自己的存在感，突显自己，让别人关注自己。这是一种正常的心理现象，每个人都会有这种渴求。

5. 似曾相识的感觉

表情包的产生都是以日常生活中人们的表情为基础进行创作的，我们可以清晰地看到"微笑""哭泣"等表情都是现实世界中我们经常表现出来的一些生动表情，还有一些手势，比如"OK""握手"等，都是我们在现实世界中经常使用的肢体语言。我们用这些取材于现实世界中的表情和我们的朋友进行线上的交流，就能够使原本的虚拟网络空间更加接近我们的现实生活，会让我们产生一种身临其境的真实感。这就是"证同效应"，即当作品的内容与读者的经验相近时，读者就会觉得作品"深得我心"，有一种代入感。

6. 抒发你的感情

在和朋友进行线上交流表达个人情感时，文字的表意功能较差，而以图片和简洁文字为构件的表情包则直观而又有效地表达了个人内心的情感，这可能是我们热衷于发表情包的原因，也体现了"直观宣传效应"。同样地，当我们觉得语言不足以表达我们的想法、情感、态度等时，可以叠加使用表情包来更深层次地表达我们的观点、喜恶等，这就是"附着信息效应"。

7. 你不好奇吗

除此之外，还有好奇心理。当人们选择使用表情包时，更多的是存有一种好奇的成分在里面，想要知道这种表情包的效果是怎样的，另一

种表情包的效果又是怎么样的，从而挑选出自己最喜爱的表情包。

发现新大陆

随着现代科技的发展，人们的交流方式、阅读习惯发生了变化。21世纪更加注重交流的可视化与快速化，而能够在社交网络迅速扩散，代表不同含义、情感，比文字表达更直观、简洁的"颜文字"，在其中起着至关重要的作用。"表情包"越来越有市场，特别是对于年轻群体而言。有时一个表情可以胜过一堆文字，有时一个表情可以是一种掩饰或一种情绪表达，而同一个表情对不同国家、不同年龄段的个体来说，其意味也不尽相同。那么，作为青少年的我们，应如何更好地使用表情包与线上朋友进行交流呢？

1. 与国外小伙伴交流时，要注意什么

①黑色星期一与愉快周末

有研究显示，国外的小伙伴们在公认为心情不佳、身体倦怠的星期一，经常发的表情是"笑哭"，而在轻松愉悦的周末，则经常发送"玫瑰""爱情"等表情。这就提示我们在和国外的小伙伴交流时，要注意时间情境。

②"OK"手势要慎用

在流行探戈舞的阿根廷，人们在沟通中的肢体语言也较为丰富，比如，他们经常使用"OK"的手势进行交流。而在巴西文化中，这一手势却等同于美国文化中的中指，随意使用易导致误解乃至引发冲突矛盾。这就提示我们在使用表情时，要注意文化差异。

2. 与国内小伙伴交流时，要注意什么

①男女表情大不同

研究显示，不同性别的社交软件使用者，其表情喜好也不同，女生更喜欢发送软萌、可爱系的表情，而男生偏爱搞怪、逗趣的表情。这就

提示我们使用表情时，要注意性别差异。

②年轻人的表情"内涵"满满

聊天中的表情，往往代表着使用者在当下时刻的情绪。更丰富、多元的表情，也说明了年轻人更喜欢在聊天中以此表达复杂的情绪。比如，"迷之微笑"表情，除其本身代表的微笑意义之外，也常表示嘲讽、不屑。这就提示我们在和他人聊天时，要注意表情的更多"内涵"。

第三节　你的段子我笑了

TA说

面对众多网友的吐槽时，她说："我是一个禁不起批评的人，如果你们批评我……我就去植发。"

杨幂的这条上过热搜的微博仅有二十几个字，却引起了30多万的转发，10万多条的评论，100多万的赞，撇开她是明星这个光环带来的效应外，不可否认的是这句话本身也有它自己的魅力。这句话出现的原因是，杨幂的新剧《三生三世十里桃花》正在热播，而她在里面的扮相是需要将头发全部束起，于是光亮光亮的大脑门就暴露无遗。其实早在开播前网友已经吐槽过杨幂的发际线，各种难听之言皆有。而杨幂面对网友的质疑，以这样一句自嘲自黑的话让大家一笑置之。

说到自黑和段子手，就不得不提被唱歌耽误的段子手——薛之谦。在还没火起来的时候，他经常在自己的微博上写段子，有一次，当他知道网友亲切地称呼他为"懵逼"时，他说：

"我可以接受一些热情的网友们对我的称呼……

"如二货、逗比……

"这些，我都还是可以承受的……

"但懵逼……

"我好像接受不了……

"听上去太蠢了……太难听了……

"我爸爸刚才都有点儿不开心了……

"希望你们给点儿面子……

"愿,世界和平……"

薛之谦也因这篇幽默又奇特的微博长文吸引了更多喜欢他的粉丝。

在互联网的时代,被吐槽已然成为一种家常便饭,很多人自黑以化解被吐槽的命运,以一种幽默的方式——讲段子来化解尴尬。

科学解密

本来杨幂是因为发际线较高被众多网友吐槽,为什么她仅仅以一句话就巧妙地化解了这场尴尬呢?薛之谦被网友称为"憎逼"时,他仅以一篇微博长文就委婉地表达了自己的态度,还获得了更多的粉丝,这是为什么呢?

这是因为,他们都是讲幽默段子的小能手啊!段子最大的魅力在于,看似不费功夫写的几句话,却可以轻易地引发你的笑点,从而加深你对段子手的喜欢程度。

那么赢得众多人喜欢的网络段子,究竟缘何拥有这样的魔力呢?它和很多传统段子不同的独特之处在哪里呢?

1. 得天独厚的传播条件

网络时代给人们带来了一种全新的信息传播方式,使网民在互动中快速、方便地进行交流。写段子的人在第一时间得到反馈,网友在热情参与的同时也会修改和添加,使段子越来越精彩。回想一下,我们在社交媒体中,是不是参与了一些段子的制作?在某博上,内容可能不是最吸引人的,吸引人的反而是网友们脑洞大开的评论。这些评论被网民不断传播和改编,因为过于精彩而被大家口口相传,进而成为新一轮的网红段子。平时和朋友发信息聊天时，你是不是也曾讲过从网络上看到的段子呢？

2. 情绪感染性强

网络段子，一般是用来表达某种情绪，或是搞笑，或是自嘲，或是讽刺，或是愤怒和无奈等消极情绪。段子，简单易懂，常表达出简化片面的情绪，容易引起网友的共鸣，进而驱动网友进行转发和评论。通过转发评论，网友其实是在进行一种情绪宣泄，表达自己的情绪态度。在宣泄的过程中，个体容易和有相同体验的网友或朋友再一次共情，增加两者之间的情感连接。从这个角度来说，由于网络段子自带搞笑和自嘲特质，能够使网友在自嘲中释放自己的无奈，宣泄不良情绪，并增强网友间的情感连接，从而找到归属感。此外，网络段子可能延伸到线下，在线下也发挥着同样的作用。能理解对方段子的人必定是同道中人。

青少年情绪体验丰富，且情绪表达不像儿童时期那么直接，段子这类经过修饰的情绪表达方式既能表达出内心的情绪，又不那么直接，成为青少年表达情绪的重要方式之一。

3. 语言诙谐，娱乐又轻松

随着人们生活水平的提高、生活节奏的加快，人们的思想更加开放，更加重视自己的生活质量，不只是物质上，还有精神上。网络段子的创作刚好就是迎合了大家娱乐放松的目的。段子的创作目的之一就是引人发笑。

段子不仅在网络上受欢迎，在日常人际交往中也受欢迎。一个能脱口而出使人捧腹大笑的段子的同学，往往在班集体中更受欢迎。于是，有些同学为了融入某个同辈群体或者班集体中，会自觉学习各种段子。

不过，由于段子自身的缺陷，如果过度使用可能带来以下不良影响。

1. 思维简单化和情绪化

我们都知道，段子多是短小精悍、内容简单。这样的形式容易使读者养成一种快餐式阅读的习惯，而不会深入地思考现象背后的原因。而且，短时间内接触大量信息，会导致人们越来越缺乏深度、持续性的关注，所有话题都一掠而过，这种阅读方式很容易使人的思维变得简单化、肤浅化。

2. 过度娱乐，缺乏批判精神

段子的一大特色就是娱乐精神，信奉"笑点"至上，也就是什么都可以拿来"调侃"。当这种娱乐精神达到极致的时候就变成为了搞笑而搞笑，失去了内涵。如果段子中没有表达一定的批判和反思精神，段子化时代的文化盛宴造就的只能是众生"傻乐"的景象。

3. 审美肤浅化

段子在审美趣味上的通俗化、直白化和喜剧化渗透进其他文学艺术样式，便是对诗意审美的拆解，由此导致了审美的肤浅化，一种情形是日常生活审美化，另一种情形则是文学艺术自身诗意的丧失。

那么我们应该如何对待网络上流行的各种段子呢？

段子是生活中的一个调味剂，让生活不那么严肃、死板，能为生活增添一丝乐趣。但是调味剂不应该成为生活的主调。段子流行的背后是大众娱乐精神和对现实的无奈并企图通过讽刺或自嘲来达到抒发情绪、表达意见的目的，但是过于简单和娱乐化的段子不应该成为社会文化的主流。个人在看待段子时不该一笑而过，对段子的内容进行深度思考有利于批判性思维的形成。

心理透视

无论形式如何，段子的最终目的都是引人发笑，是幽默的一种表现形式。幽默，是人类交流中的一种独特现象，通过象征、讽喻、双关等修辞手法，揭露生活中矛盾、乖戾、不通情理之处，使人情不自禁发笑的一种机智言语或行为现象。它比滑稽含蓄，比讽刺轻松和温和，带有快乐的色彩，常使人产生微笑、苦笑或会心的笑。根据心理学家的研究，幽默能够让我们获得快乐，使我们从消极沮丧的情绪中解放出来，能让不开心的人变得开心。

那么段子所拥有的幽默，是怎么让人笑起来，且让人觉得心情愉悦的呢？

1. 反差引发笑点

心理学家认为，当人们对事件的期望状态和实际状态产生差异时就会引发笑点。他们认为有效的幽默主要是呈现了一些不一致的、迷惑的和认知不和谐的成分给个人，当一种适中的不和谐迅速解决时，会伴随一种生理唤醒的变化，产生一种开心和好玩的感觉。

比如这一段子："如果只让你带一样东西去荒岛，你打算去哪个荒岛？"看到段子的前半句，我们会顺着问题想到底带什么东西呢？这是我们期望的一个想法和状态，我们按照自己过去的经验以为情节会是像过去熟悉的那样发展，但后半句却出乎我们的意料，和原本设定的预想不一致了，它从另一个层面接上了这句话。当这个矛盾被我们发现，并理解和消化了这种和自己预想的不一致之后，便能体会到一丝趣味。

2. 有趣的认知加工

我们又是怎样消化和欣赏幽默的呢？

前面解释过幽默的效果源自一种期望状态和现实状态的不一致或者逻辑不一致，和常规心理相逆而带来的一种惊讶和好玩。这样的幽默效果来自读者的一个认知加工，这个过程包括两个阶段：幽默探测和幽默评价。

对于幽默我们首先是察觉到不一致，之后对这种不一致进行理解和评价，心中给出是否觉得有趣的评价。在这两个过程中，幽默评价是关键，只有理解了所谓的"笑点"才能引发出开心的情绪。比如下面的这则段子：听说我被开水烫了，朋友们都问我怎么样，我告诉他们，无他，唯手熟尔。

我们首先是知道这个段子不一致源自我们预期以为被烫会是很难过的一种语气，而后面回答的话是一种平淡不觉难过的语气，并用上了文言文。理解到笑点之后我们才会觉得这个段子是好笑的。人们常说的"get不到点就无法理解对方的话"就是这个道理,双方的笑点不在一个频道上就会导致不理解,如果无法消除这种预期和现实的不一致,就不能达到引发情绪上的愉悦感。

这就是幽默能让人开心的两个主要原因。如果你感到不开心时,恰巧看到朋友圈的某个朋友发了条段子,也许你的心情能够转阴为晴。社交媒体是段子手的重要表现舞台,因为他们的出现,我们能够在社交媒体上看到各种有趣的段子,收获各种意想不到的愉悦。这种愉悦感便会强化我们对社交媒体的依赖,开心的时候刷朋友圈会更开心,不开心的时候刷朋友圈则会变得开心。如此一来,不知不觉,我们便养成了三分钟刷一波朋友圈的习惯。能够在朋友圈收获快乐是一件乐事,但是一旦形成依赖性就会产生一些不良影响。喜欢刷朋友圈的段子,偶尔也可以和朋友面对面地侃大山,这两者并不相悖。

发现新大陆

正如前面所说,段子的存在给我们的生活带来了很多乐趣,在人际交往中起到调味剂的作用。讲段子是一种幽默,更是一种说话的艺术。讲话艺术中,除了讲段子,还有哪些吸引人的话,可以使得谈话有趣并且生动呢?

1. 卖关子

如果你想和朋友说班长参加比赛得了第一名,直接说的话,你的朋友可能听一下就过去了,但是如果你这样说:"我们班的班长和副班长还有科代表们都参加了比赛,只有一个人获奖了,你猜是谁?"你的朋友可能就会好奇谁会得奖。同样一件事,平铺直叙地说会让人觉得像白开水一样,索然无味,但如果你能在讲这件事一开始就勾起对方的好奇心,那么这个谈话就会让对方感到很有趣,很想进行下去。

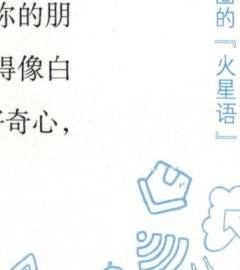

2. 先讲吸引人的部分

许多主持人在介绍某位嘉宾时，会说出一大堆关于这个嘉宾的亮点事迹，获得了什么什么头衔，让你一听就产生"他是怎么做到的，好厉害啊！"的想法，于是你便会继续观看该节目。

3. 小心"翻车"

有时候，为了故意调节谈话气氛，很多人会讲很多笑话和段子，结果用力过猛，和谈话内容并不是那么协调，只是为了讲而讲，这样就会让听众感觉无趣。例如，有个人正在谈论朋友过生日买什么蛋糕，他突然问大家："有个蛋糕在森林里迷路了，走不出去了，你们猜是谁鼓励他出去的？"于是大家停下来，他得意地说："猪，因为朱古力蛋糕，哈哈哈哈哈！"结果，空气突然安静了。

第三章 我的游戏世界

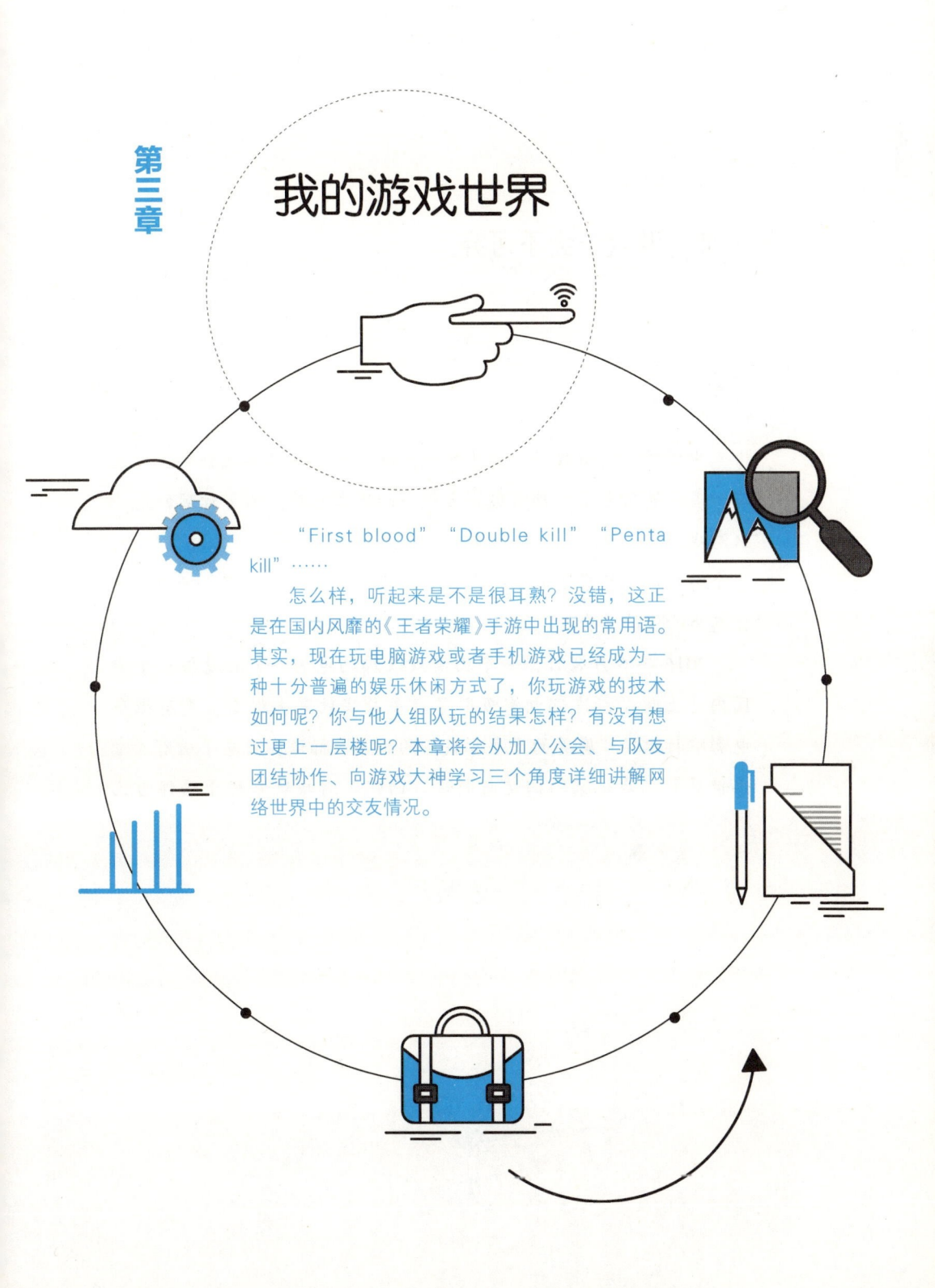

"First blood" "Double kill" "Penta kill"……

怎么样,听起来是不是很耳熟?没错,这正是在国内风靡的《王者荣耀》手游中出现的常用语。其实,现在玩电脑游戏或者手机游戏已经成为一种十分普遍的娱乐休闲方式了,你玩游戏的技术如何呢?你与他人组队玩的结果怎样?有没有想过更上一层楼呢?本章将会从加入公会、与队友团结协作、向游戏大神学习三个角度详细讲解网络世界中的交友情况。

第一节　游戏公会不可弃

TA说

中国最早的游戏公会诞生于网络游戏中。网络游戏公会至今也有十多年的历史了，拥有成百上千万的玩家基础。不管你玩的是什么游戏，什么角色，总会青睐于一个地方——游戏公会。游戏公会，一个游戏玩家的聚集地，一个属于游戏玩家的社交网络，一个游戏信息公开化的平台。

2016年6月8日，一个由游戏改编的电影——《魔兽》于中国内地上映了，这部电影吸引了众多游戏玩家去观看，更有很多电影院打出了"魔兽的十年，我们的十年"标语，激发了所有《魔兽世界》游戏玩家的回忆与激情。回忆是游戏玩家对于陪伴自己

成长的游戏的一种缅怀，对自己组队友、加入游戏公会、和小伙伴们一起刷副本的想念；激情是自己血液中为了自己所属团队奋斗的血性。

《魔兽世界》这一网络游戏主要分为两种势力，一种是部落，以生活在德拉诺星球的兽人为主；一种是联盟，以居住在艾泽拉斯的人类为主。两种势力自游戏创始之初就属于敌对势力，因此游戏玩家需要选择不同的阵营。同时，每个阵营都有自己的游戏公会，时不时地公会的人就会组团和对方进行PK，口号都是"为了部落！/为了联盟！"。

但是现在游戏的走向是部落和联盟为了世界和平，一起合作，联手抵御外敌，创建美好的艾泽拉斯。不同阵营的游戏玩家也没有以前那么彼此仇视了，更多的是惺惺相惜。

那么，你是为部落还是为联盟而战呢？

科学解密

游戏玩家在游戏中所选择的人物不同、立场不同，这就会使玩家在游戏中寻找自己的同类，结交好友，组成小团体，最终加入和自己有相同立场的游戏公会。那为什么游戏玩家最终都会选择加入游戏公会呢？主要有以下方面的原因。

1. 人多力量大

游戏玩家加入公会之后，就可以和公会的玩家一起攻打敌人，底气充足，可以鼓舞士气。人多，想法也多，力量也大，有助于游戏玩家取得胜利。

2. 游戏资源共享

公会是一个公众平台，大家聚集于此，可以互相交流自己收集到的信息，共享公会中的公共物品，有助于游戏玩家明白自己所属势力的形式，方便采取下一步措施。

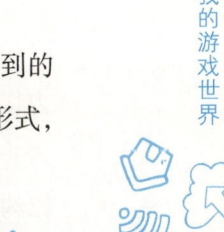

3. 互帮互助

游戏公会中有着来自不同地方的玩家，大家都是为了一个目标——更好地生存，守护自己的家园。同一势力的伙伴如果有什么麻烦，可以相互帮助，挺过难关。

游戏公会可以为玩家提供游戏全方位的公开的资料，带动游戏的发展。加入公会的好处如下：①所有游戏公会的成员可以共享公会的一切产品；②游戏玩家可以做公会中发布的任务，从而赚取大量的人物经验和公会贡献度；③游戏玩家所赚取的公会贡献度可以在商店购买自己需要的产品；④游戏玩家可以和同伴一起刷副本，公会中的人数较多，可以更快更便利地组队去完成任务；⑤公会如果实力较强的话，可以带领大家赢取游戏的胜利；⑥在游戏公会中可以找到合心意的玩伴，可以几个人凑在一起组建一个小团队，玩游戏时互相有个照应；⑦可以以公会的名义和其他公会进行大规模的比赛。

当然，游戏公会也有一些缺点，这是不可避免的。加入游戏公会所产生的弊端如下：①新手玩家刚刚进入公会中时，由于什么都不懂，可能只有少数人会帮助你，当你的游戏水平达到一定高度时，才会结交到游戏水平更高的玩家；②公会之间的资源、管理等方面是有差距的，大公会占据的资源会更多，但是由于人多了，不可能兼顾每一个玩家；③公会设定的规定可能比较多，所以会对游戏玩家进行一定的限制，玩家不可能随心所欲地想做什么就做什么；④公会中的人数比较多，因此大家发生矛盾的机会也就更多了。但是，总体来说，加入游戏公会的利是大于弊的。

我们在玩游戏时要怎样选择公会呢？

1. 明白你的目的是什么

如果你想要感受和其他玩家PK的体验，那你就加入一个具有一定实力、地位、资源的大公会；如果你只是想体验打怪寻宝升级，那你就加入一个保持中立的公会，一般情况下，你如果不和其他玩家结怨，就可以约上小伙伴一起寻宝升级了。

2. 选择对自己有助力的公会

在选择公会的时候，可以看看公会的论坛，因为论坛就相当于公会的一个脸面，玩家一进来就能从论坛中感受到这个公会的特点，从而判断其是否符合自己的需求。一个好的公会，应该有较好的宣传方式，有严格的会规，有一位好的领导者，有着良好的公会氛围，平等地对待每一位玩家，有良好的公会形象，诚以待人。

3. 注意公会所在区域

如果自己玩的地方和公会所在区域距离较远的话，可能会导致自己玩游戏时很卡，所以我们要选距离自己较近的公会。

4. 慎入太重利益的公会

公会本来就是一个交友的平台，小伙伴之间应该互帮互助，如果连帮助别人都要以金钱来衡量的话，那很可能自己不适合这个公会。我们加入游戏公会也是为了结交一些志同道合的玩家，玩得尽兴、开心，多交几个好朋友才是最值当的。

5. 可选游戏种类繁多的公会

一个游戏公会可能同时在玩几种不同的游戏，加入这种公会的话，自己的选择面也会更广阔一点，如果对一个游戏不感兴趣了，可以换公会中其他的游戏来玩。要注意不要过于频繁地更换公会，这样会让人觉得你玩游戏没有耐性，不值得信赖。

心理透视

青少年在玩网络游戏时为什么一般都会加入游戏公会呢？

1. 一个群体的效应

玩同一个游戏的人聚集起来，组成一个群体，这就是集群。同类玩家在一起玩时所产生的相互作用就是集群效应。同类个体聚集在一起，借助于彼此的感觉相互刺激而使个体的行为、心理发生了一定的变化，这就是游戏玩家喜欢聚集在一起，比如加入一个公会的原因之一。

在群体效应影响下的一个集群，既可以产生 1+1＞2 的效果，也可以产生 1+1＜2 的效果。玩家加入游戏公会形成了一个群体，这时群体就会对个体进行约束和指导，使玩家产生一种身心方面的变化。

想一想，如果公会中的玩家都很有效率、有激情，你会不会受到影响，更有兴致地去玩游戏，更尽心尽力地和其他队友一起完成任务，更希望得到团队的认同和赞赏呢？这是因为游戏玩家的行为是在一定的群体氛围中进行的，而你所待的群体会对你形成积极促进的作用；同时，个体在群体规范的效应下，会同化彼此之间的不同意见、观点和行为等，因此，游戏公会中的成员为了保证自己的利益不受到损害，就会特别关注公会中的规范和标准，不会让自己违反规定而受罚。

2. 蚂蚁军队的力量

蚂蚁是自然界最为团结的动物之一，虽然一只蚂蚁的力量是微小的，但是 100 万只甚至更多的蚂蚁组成的军团产生的力量则是巨大的。被誉为沙漠中的行军蚁的蚂蚁喜欢群体生活，一个群体有 100 万～200 万只，它们聚集在一起，可以在短时间内横扫一片树林或者将一只老虎啃成一堆骨头。这就是"蚂蚁效应"。

当游戏玩家团结在一起，组成一个团队，也就是公会时，大家心往一处想，劲往一处使，汗往一处流，就会更容易刷副本、升级、获得装备。

3. 寻找自己的归属

青少年在成长的时期逐渐将自己的依赖对象从家人变为同辈群体，现在，大多数青少年为独生子女，在家中没有玩伴，而青少年通过玩网络游戏，加入公会，可以轻易地找到小伙伴，有了更大的交友空间，扩大自己的交往范围。所以，公会满足了青少年人际交往和团队归属感的需求。

4. 追求更高的需求

处于青春期的孩子，得到他人尊重和自我尊重的需要日益强烈，当低层次的需求，比如生理需求得不到满足，就会影响高层次需求的形成，比如尊重和自我实现的需求。越是接近高层次的需求就越难得到满足，所以当青少年在现实世界中没有得到足够的需求时，那么他们就会试着从网络游戏中寻求一定的满足，比如加入游戏公会。如果青少年能从公会中得到足够的尊重和获得自我成就，就倾向于加入公会。

5. 亲密关系的祈求

依恋是个体与主要养育者发展出的一种特殊的、积极的情感纽带，也是指个体寻求并企图与另一个体在身体和情感上保持亲密联系的倾向。简单一点说，就是当我们对某人产生依恋的时候，我们就会产生想要接近他的渴望，在感到危险时倾向于求助他，感受到他支持自己去探索新事物，当自己与他分离的时候会产生焦虑。

通过依恋他人，我们不再是一个孤单的个体，而是一个融入了社会的人。因此，很多青少年在玩游戏时倾向于对他人产生依恋，加入公会，感觉到自己被支持，产生靠近公会中合得来的人的想法。

发现新大陆

不知道你是否听过"鸭妈妈劳伦兹"？劳伦兹和小鸭子的关系可不一般，他走到哪里，小鸭子就走到哪里，而不是跟着它们的妈妈走，这是怎么回事呢？

奥地利的动物学家，康拉德·劳伦兹是动物行为学的奠基人之一。有一次，他观察到小鸭子一出生就会一直紧紧地跟着妈妈，劳伦兹心想："小鸭子为什么一出生就跟着鸭妈妈呢？是因为小鸭子第一次睁眼时看到的是鸭妈妈，所以记住它了吗？那如果小鸭子出生后第一眼看到的不是鸭妈妈，而是其他的人或物，又会发生什么呢？"

于是，劳伦兹就开始了自己的实验，他在小鸭子刚刚孵化出来的时

候，就把它们和鸭妈妈分开，取而代之的是自己在小鸭子身边走来走去。没过多久，他就发现这些小鸭子不论自己去哪儿都会一直追随着他，它们已经把自己当成了"鸭妈妈"。后来，他又把真正的鸭妈妈放在小鸭子的身边，但即便鸭妈妈对小鸭子百般呵护，小鸭子却不理睬它们真正的妈妈。

小鸭子将劳伦兹视为"鸭妈妈"，这体现了小鸭子对劳伦兹的"依恋"。依恋一直被认为是个体对于获得营养物质的一种回报，孩子爱母亲是因为从母亲那里得到了可以满足自己生理需要的食物。就好比，在你第一次加入游戏公会后接触到的第一个对你施以援手的人，你是不是对他产生了一种亲近感，想要保持你和他之间的亲密关系？那这个人就是你的"鸭妈妈"。

第二节　你的后背由我来守卫

TA说

"会不会唱国歌？"

"'苟利国家生死以'的下半句是什么？"

"Go die 的表情包是谁？"

……

如果你都答对了，恭喜你，你已成为"中国军团"的一分子。

在这个僵尸横行、世界末日的游戏背景下，只要你是"中国军团"的一分子，那么你会获得所需的物资、同伴的支持，你们会一起浴血奋战，一同抵御外敌。在艰难困苦的环境下，所有"中国军团"的人都团结在了一起，共同迎接崭新的每一天！

这，就是这款世界末日游戏所带给游戏玩家的附加价值，让你在体会末日逃生的同时，又体会到同伴之间相互扶持、相互鼓励、守卫对方后背的珍贵情谊。

不同国家的玩家聚集在了这个游戏当中，由于天灾人祸的不断发生，人类的一切秩序与法制都被推倒重建，所有人都回到了最原始的社会、最原始的自然状态下。从今伊始，这一切就是每个独立的人与其他独立人的战争。

在这种情境下，每一个独立的人所能依靠的仅有自己，仅有自己手中所握的物资与力量。只有强者才能符合自然生存的法则，但是单打独斗始终不能长久地胜利下去。

于是，中国的游戏玩家身着红衣，说着一口标准的普通话，团结在一起，成立了"中国军团"；其他国家的游戏玩家则独立作战，并未像我们一样成立自己的军团，以致陷入无序的混沌，落于弱者之流。

当世界分崩离析、毁于一旦，为了生存，你会做出怎样的选择呢？

科学解密

身处世界的混沌之初，为了生存而战斗，为何中国游戏玩家能够团结在一起，成立"中国军团"，而外国游戏玩家则始终处于单打独斗的状态呢？或许有以下几点的原因。

1. 黑暗森林法则的蔓延

科幻小说家刘慈欣在《三体Ⅱ》中引入了一个这样的法则：宇宙是一座黑暗森林，每个文明都是带枪的猎手，他需要小心地穿梭于暗黑森林的树木间，一旦发现其他的猎手，他有且仅有一个选择，开枪消灭其他猎手。这就是黑暗森林法则。

在世界末日的游戏背景下，游戏玩家只能为了生存，小心地游荡于各个游戏场景之间，为了尽可能多地获得物资和更长久地存活下去，每一个人都必须严正以待,把其他人当作自己的敌人,自己的朋友仅有自己。

这或许就是游戏中大多数国家的玩家不得不把其他人当作自己的敌人,以求得更安稳的生存条件的原因。

2. 集体主义 vs 个体主义

东西方文化的差异造成了价值观的不同,西方人崇尚个体主义,东方人则倾向于集体主义。这或许也能解释国外玩家和中国玩家在同一款游戏中不同的表现行为。

其实,中国玩家一开始也是独立作战的。但是在经历了真实世界的悲壮而心酸的历史之后,我们国人永远谨记的一点就是团结在一起,共同抵御外辱。

当中国游戏玩家聚集在一起时,义字当先,集体利益高于个人利益,这就是我们所遵循的游戏圈交友原则。

中国玩家在这款世界末日求生存的游戏中,成立"中国军团"的行为,会产生什么样的影响呢?一方面,"中国军团"在这个游戏里曾一度称霸世界,力量很强大,这也使得中国游戏玩家在这里可以找到一个很好的庇护所,一个可以真诚交友的基地,一个可以为之奋斗的团体;另一方面,国人对于中国玩家的这种行为多有争论,一部分人认为玩这个游戏的人都只是在拿爱国情怀搞事情,在抱团消灭其他国家的游戏玩家,更多的人则认为这个游戏体现了中国玩家互帮互助、共同奋斗的精神。

我们应该如何应对这种不同的声音呢?

对于不同声音的争论,我们应该做好自己的分内事,在不违背一切道德、法律规范的前提下,做自己认可的行为。如果你认为这款末日逃生游戏暴露了人性的弱点,逼迫我们以一种惨烈的方式来重新审视这个世界,而国人的一致对外行为只不过是在拿爱国情怀做表面功夫,那你可以选择远离这种纷争,不玩这款游戏;如果你认为这款游戏可以让你交到很多知心的好朋友,可以提升自己的战斗能力,那你就勇敢而又坚定地玩下去吧!因为这样,我们会活得更开心。

所以,在游戏圈中,身为青少年的我们至少可以做到:

1. 团结一体，互为护卫

试想一下，当你在游戏中缺少食物、工具时，有人雪中送炭，给你所需的物资；当你在游戏中一人奋战、伤痕累累时，有人守望相助，护卫你的后背；当你在游戏中升级时，有人感同身受，分享你的喜悦……你会有什么样的感觉？

青少年玩家在游戏中，可以寻找自己的小伙伴，互为帮手，这样，在游戏中也许会获得一份友谊哦！

2. 统一目标，一致对外

就如电影《爱乐之城》中，同样为着自己梦想奋斗的男女主人翁，正是由于志同道合，才有过一段刻骨铭心、永不相忘的真挚爱情。

青少年在游戏中可以寻找志同道合的小伙伴，为达到相同或相似的目标，不断努力，一致抵抗外敌。

3. 分享资源，信任对方

青少年玩家在游戏中，可以时不时互通消息，互换物资，达到资源共享，形成一个类似于"云分享"的团队。

信任是交往之基石。多一点真诚，少一点套路，这是获得贴心贴背的小伙伴的正确方式哦！

心理透视

在游戏中，互为对方后背守卫的现象很普遍，这主要有以下原因。

1. 同伴关系

同伴关系是指年龄相近或者相同的个体之间的一种相互协作、共同活动的关系。也就是指同龄人之间或者处于同一心理发展水平的个体之间所建立的一种人际关系，它在青少年的生理、心理发展和社会化过程中处于不可或缺的独一无二的地位，是重要的环境因素之一。

因此，青少年在游戏中也会产生这种想要和同伴交往的需求。青少年游戏玩家通过相互交往，帮助小伙伴或者受到小伙伴的扶持、支援，从而增进彼此之间的情感交流，获得心理上的满足。

如果青少年缺少这种同伴之间的交往，可能会产生严重的孤独感，也就是说，青少年个体在游戏中独立行动的话，可能会根据自己较低的社交活动和友谊水平的自我感知而产生一种孤单、寂寞、不满的情感体验。

2. 博弈之道

汤姆和杰瑞作为被警察抓捕的嫌疑犯，被分开审讯。警方告诉他们："如果你们两个人都说出事实，则两人各判 2 年；如果一个人坦白，另一个人不坦白，就会把坦白的人判刑 3 年，不坦白的人则会判刑 5 年；如果两人都不坦白的话，则会因证据不足而各判 1 年。"两人都不知道对方会做出什么选择。

显而易见，在这种情形下，汤姆和杰瑞如果都不坦白，则获益最大。这就是囚徒困境，指在双方都陷入困境时，如何才能选择对自己最有力且能够实现的策略。

其实，大家好才是真的好。当你和小伙伴陷入困境之中时，你会怎么做？

青少年玩家如果陷入较糟的情境中时，能够信任小伙伴，做出可以使双方的利益最大化的选择，即互相帮助，抵御强敌，就可以最大化地减少自己的损失。

3. 你是我的人

试想一下，当你在进入某个社团的面试过程中，说出类似于这样的话："我想加入我们这个社团的原因是……我认为咱们社团可以做出……的改变……咱们社团可以帮助……"将自己想要参加的社团称之为"我们/咱们社团"，会让面试官产生一种你是他们社团一分子的错觉，会更加有利于你的面试。

当对方把你当作和他同一类型的人时，你就会对他所说的话更容易相信和接受，这就是"自己人效应"。延伸到游戏中，即青少年玩家在游戏中和小伙伴之间的相互交往，会对彼此产生一定的影响，可能会改变对方的行为。

青少年玩家在游戏中，通过语言（例如：咱们一会儿去哪儿啊）或者行为(例如：帮助对方)的暗示，可以让你想要相交的小伙伴把你当成"自己人"，从而有利于你和他们的交往。

4. 彼此喜欢的相交

人与人之间的相交总是这样的，当你和他人是相互尊重、相互重视时，你和他人之间的关系也就越近、越好。彼此之间越是互相喜欢，就越会相互扶持，而喜欢的前提就是相交双方的相互性。我们平时所说的有共同爱好、有共同理想的人更容易相处就是这个理儿。

青少年游戏玩家，可以在打怪升级的过程中找到志同道合的小伙伴、彼此相互喜欢的小伙伴。在此之后，就会在游戏道路上相互鼓劲，相互支持，收获友谊。

5. 投之以桃，报之以李

人与人之间的交往说到底也是一种社会交换过程。你对他付出情感、时间、精力，他也对你付出情感、时间、精力。人际交往过程中的交换遵循这样的原则：个体都是期待自己选择的这段人际关系是对自己有价值的，交往过程中的得与失需要达到一个较为均衡的状态，即付出和收获是相等的。如果在一段人际关系中，只有付出而没有回报，这段关系则很难长久地维持下去。比如，"礼尚往来"就属于人际交换性原则。

青少年在游戏中帮助他人，也会期望能够获得对方的帮助或者友情。投桃报李就是这个道理，彼此相互扶持、守护对方才是人际交往的正确方式。

发现新大陆

在网络游戏中，当青少年玩家通过和小伙伴互帮互助这一行为，获得精良装备、等级提升等奖励或者和小伙伴的友谊关系更进一步时，青少年就会倾向于继续从事这种帮助小伙伴的行为，这就是社会交换理论。简而言之，就是你在和其他人进行交往的时候，通过付出一定的代价，获得一定的报酬或者奖励。

那么，你的社会交换能力如何呢？来测试一下吧！

选择题（一）

你在游戏中有多少小伙伴？	A. 很多	B. 几个
你曾在游戏中帮助过其他小伙伴吗？	A. 有	B. 没有
其他小伙伴曾在游戏中帮助过你吗？	A. 有	B. 没有

选择题（二）

题　目	完全不符合	不符合	有些符合	符合	完全符合
1. 在游戏中，队友需要帮助时，即使不方便，我还是会伸出援助之手					
2. 在和队友交流的过程中，我知道如何能让他们感觉舒服					
3. 队友都很乐意与我交往					
4. 我认为队友之间应该互相帮助					
5. 面对队友的求助，我总会真心实意地帮忙					
6. 帮助别人后，我相信自己之后也会得到他人的帮助					
7. 我愿意为了一些新的游戏资源或者游戏技巧结交一些新的游戏好友					
8. 在游戏中，与他人发生冲突时，我总能很好地控制自己的情绪					

续表

题　目	完全不符合	不符合	有些符合	符合	完全符合
9. 我认为在和游戏好友交往的过程中，有时候是各取所需					
10. 我愿意无条件地为他人提供力所能及的帮助					

填空题

我在游戏中的一位小伙伴是（游戏名字即可）＿＿＿＿＿＿＿＿＿＿，我帮助他做＿＿＿＿＿＿＿＿＿＿，他帮助我做＿＿＿＿＿＿＿＿＿＿。

计算题

你帮助游戏中的小伙伴，会承担什么样的风险？你从中获得所需的概率是多少？风险和所需对等吗？

解析

选择题（一）：A 计 2 分，B 计 1 分。

选择题（二）："完全不符合"计 1 分，"不符合"计 2 分，"有些符合"计 3 分，"符合"计 4 分，"完全符合"计 5 分。

填空题：写出一位小伙伴的名字，计 2 分；写出帮助他做了什么，计 2 分；写出他帮助"我"做了什么，计 2 分。

计算题：认为对等的，计 2 分；认为不对等的，计 1 分。

将各题分数相加即为总分。总分在 33 分及以上的小伙伴，你的社会交换能力很强哦！

第三节 大神，带我飞

TA 说

2016年暑期热播的青春偶像剧《微微一笑很倾城》中庆大计算机系大四的学生，同时也是校草的肖奈，化身游戏中的大神——"一笑奈何"，邂逅了在游戏中因拒绝上传真实照片而被侠侣"真水无香"抛弃的"芦苇微微"，从而与之结下了不解之缘，一起组团打副本，增长游戏经验，在游戏PK榜拿到较高排名。那么，这个"芦苇微微"究竟是谁呢？她就是庆大大二学生贝微微，一位立志成为游戏工程师的美女学霸。

两人在游戏中结缘之后，一起闯荡"江湖"，一路上出生入死，心意相通，并将这份缘分延续到了现实生活中。贝微微终于知晓游戏中的侠侣竟然是同校的校草师哥肖奈，更巧的是，肖奈还是游戏开发测试的负责人。

肖奈与贝微微在线上是一起组团刷副本的侠侣，线下两人是兴趣相投的工作伙伴。缘分，就是这么妙不可言。最终，在现实生活中，肖奈和贝微微走到了一起。彼时，肖奈已成为游戏开发届的新秀，而贝微微也达成了自己成为游戏工程师的愿望。

不仅如此，肖奈大学宿舍的三位室友也是游戏高手，虽然不及肖奈，但是三人从肖奈身上学习了很多游戏技巧，大学毕业之后去了致一科技工作，从事游戏开发事业。从此，几位好兄弟一起在事业上大展拳脚，离自己的理想越来越近。

你身边是否有肖奈这样的"大神"呢？

科学解密

电视剧《微微一笑很倾城》中，肖奈大神为何带领贝微微成为游戏中的大神，又缘何带领室友成功创建了自己的致一科技公司，并在几年内就成为新兴之秀呢？

1. 大神的力量

肖奈不仅是游戏中的大神，同样，他也是现实生活中的大神。他是计算机系的学霸，热爱运动，成功创办了自己的游戏公司。

当你在游戏中和大神做了朋友，大神不仅可以帮你升级，还可以帮你提高游戏 PK 榜的名次。这不可谓不获益多多啊！当然了，肖奈也不仅带着贝微微打游戏，同时也会教给她一些游戏技巧以提升她的游戏水平。

当你身边有这样一位大神时，不要犹豫，靠近他，从大神的身上汲取力量，不仅可以收获一份友谊，同时还能成为游戏高手。

2. 向大神学习

如果只有肖奈的帮助，贝微微自己不努力的话，也不可能在游戏中取得成功。贝微微自己也是努力练习，将从肖奈那里获得的游戏技巧活学活用转变为自己的本领，才有了在"江湖"中的地位。

因此，如果你周边有大神的话，要记得向他学习，勤奋努力，追赶大神的步伐，最终一定能成为和大神比肩远眺的小伙伴。

学习大神的行为，固然对自己有益，可是如果识人不清，错认"大神"进行学习，会对青少年造成什么影响呢？

正所谓"近墨者黑"，长期和游戏中有不良行为的队友在一起，过不了多久，自己也会学习到他们身上的不良行为。比如，青少年在游戏中结交了几个靠花钱刷装备才一路升级的游戏玩家后，可能也会采取这种行为，任意买买买，最终导致花费过多，造成经济损失。又或者，青少年学习到其他游戏玩家骂人的话，时不时就爆粗口，这可能会延伸到线下，容易引发和同学之间的矛盾。

所以，向他人学习虽然无异于提升自己的一种方法，但是我们自身也需要注意以下几点。

1. 向好的榜样学习

如果青少年在游戏圈中遇到了具有良好行为的游戏玩家，志趣相投，可以一起组团打个副本，互相学习游戏技巧。我们要向大神学习，从"菜鸟"逐渐成为高手，做一名有素质的玩家，遵守游戏规则，做一名不坑队友的玩家。

2. 强化行为不可少

强化是指通过某一事物增强某种行为的过程。如果游戏玩家遵守游戏规则就能获得一定的游戏装备，那么游戏玩家就会一直遵守游戏规则，这就是强化。青少年在游戏中记得要强化自己的良好行为，规避不好的行为，做一名合格的游戏玩家。

3. 培养自信心

游戏玩家可能对自己完成某项任务没有信心，这时可以先做一些可以通过努力独自完成的中等难度的任务，获得成功体验，这样可以有效提高玩家的自信心；也可以寻找一个榜样，以带动自己的行为，从大神的成功体验那里改善自己的无力感；还可以从大神的表现中学到有效地解决问题的策略和方法，这也有可能激发游戏玩家的信心。

4. 管理好你的时间

当青少年游戏玩家在向大神学习的时候，也要学习到大神在游戏方面是如何管理自己的时间的。切记不要在游戏上花费过多的时间，不可沉迷于游戏，要在完成学业的前提下，适当地以玩游戏的方式放松一下，合理管理自己的时间。

心理透视

如何解释这种向游戏中的大神学习的现象呢？

1. 观察学习的魔力

青少年游戏玩家通过观察游戏大神玩游戏的方式及其得到的结果，所发生的替代学习就是"观察学习"。当青少年观察到自己身边的游戏大神通过某种方式获得了一定的游戏奖励，就会学习到这种方式，从而提高自己的游戏水平。如果青少年观察到大神做了某一行为，结果受到了游戏系统的惩罚，那么青少年就会告诫自己不要做出这种行为以避免惩罚。

2. 榜样示范的魅力

榜样的力量是无穷的，选择一个好的榜样，不仅可以提升自己的水准，帮助我们向榜样靠近，还有可能激励我们去超越他们。新加坡游泳选手斯库林就是典型代表。斯库林爆冷获得2016年里约奥运会男子100米蝶泳冠军，击败自己的偶像"飞鱼"菲尔普斯，成为奥运会战胜菲尔普斯的第一人，他用自己的行动证明"长大后我就'胜'了你"。

人的行为可以通过观察学习的过程获得，但是获得什么样的行为以及行为的表现如何，则依赖于榜样的作用。榜样是否具有魅力、是否拥有奖赏、榜样行为的复杂程度、榜样行为的结果和榜样与观察者的人际关系等都会影响观察者的行为表现。

3. 乐车队的吸引力

如果你想和成功者为伍，那你自然能受到无形的激励和鼓舞，从而变得强大；如果你想像雄鹰一样展翅高飞，那就去和雄鹰为伴；如果你想像大海一样广纳万物，那就去结识大海；如果你想成为一名成功的游戏玩家，那就和游戏大神成为队友吧！

跟着大神玩游戏，这就是"乐车队效应"。所谓"乐车队"指的就是在游行中行驶在最前面、载着乐队演奏的汽车。而乐车队演奏的音乐一般都极具感染力，让人情绪激昂，不自觉地想要跟在后面参加游行。

在生活中，如果我们听到身边的某个人玩游戏很厉害，那么我们就会想："他究竟是怎么做到的？我为什么做不到？我比他差在哪里呢？"与此同时，你的进取心、好胜心就会被激发出来，你会想要和大神成为朋友，想向他们学习。你和他们成为队友，也会在潜移默化中受到他们的影响，你会振奋起来，不断努力学习，最终成为可以和他们处于同等位置的人。

4. 心理暗示的神效

心理暗示是人们日常生活中较常见的一种心理现象，指的就是人受到外界或他人的愿望、观念、情绪、态度等影响的心理特点。也就是人或环境以非常自然的方式向个体发出信息，个体无意中接受这种信息，从而做出相应的反应的一种心理现象。

心理暗示分为积极的心理暗示和消极的心理暗示。积极的心理暗示可以给我们带来助益，比如，你在向游戏大神学习的时候，可能会遇到一些暂时无法攻克的难关，这时，你就需要对自己进行积极的心理暗示："我可以的，我一定能学会大神这招的。"这种正向的暗示会激发你的潜能，提高你成功的概率。而消极的暗示可能会对我们产生一定的危害，比如，你和大神一起打副本的时候一直失败，心里想着："一定是我技术太差了，拖了队友的后腿。"那么，你可能就没有信心再继续玩下去了。

因此，在日常生活中我们应该多给自己一些积极的暗示，避免消极的暗示。要记住，你想成为什么样的人，你就会成为什么样的人。

> **发现新大陆**

个体在观看了含有暴力情节的影视剧后，是否会受到影响从而表现出攻击性行为呢？在1961年的时候，就有一位心理学家做了这样一项实验，以研究儿童是否会通过观看暴力影像而学会攻击他人，以及儿童是如何学会攻击行为的。

这个心理学家就是班杜拉，他所做的实验就是心理学上著名的"波波玩偶实验"。

"波波玩偶实验"就是让儿童分别受到成人榜样（值得学习的人或事物）的攻击性行为和非攻击性行为的影响，然后观察儿童在没有成人榜样的环境中是否模仿相对应的成人榜样的行为，从而做出攻击性行为或者非攻击性行为。

该实验结果表明，成人的暴力行为会引发儿童的暴力行为。

其实，不止儿童，青少年和成年人也同样会受到暴力情节的影响而出现攻击行为。在当今网络游戏繁多的背景下，暴力电子游戏（简称"暴游"）深受青少年的喜爱，青少年也会花费较长的时间在暴游中，久而久之可能会受到暴游的有害影响。那么，我们身为青少年应该如何做到既享受了玩暴游的乐趣，又不至于受到暴游的影响而出现攻击行为呢？

1. 心中有预期，区分游戏和现实

随着科技的快速发展，暴游中的暴力情节越来越逼真，它就像是一个虚拟的镜像，模糊了真实世界和游戏世界的界限。青少年玩家有可能会对暴游中的杀戮和血腥场面习以为常，这会使得个体对暴力行为逐渐变得麻木无感，也更容易在现实世界中做出暴力行为。因此，作为青少年，我们在玩游戏之前和玩游戏的过程中，就要做到心中有一个预期，那就是：游戏和现实是有区别的，我玩这个游戏只是为了消遣娱乐，游戏并不真实。

2. 合理控制玩游戏的时间

我们在玩自己喜欢的游戏时，往往会有一种沉浸感。这种沉浸感指的是，让人专注在当前的目标情境下感到愉悦和满足而忘记真实世界的情境。因此，我们在玩游戏的时候很容易一玩就玩好几个小时，也会更容易受到游戏中暴力成分的影响出现攻击行为。所以，我们可以适当控制自己玩游戏的时间，当发现自己还沉浸在游戏中时，可以给自己一个外在的信号，告诉自己"该停止了！"。

第四章 朋友圈里的那些分享

朋友圈是一个私密和公开共有的地方，你可以在朋友圈中公开发表自己对待某件事情的看法和情绪感受，有可能会得到他人的赞同，也有可能导致他人对你的恶评；你可以在网络中获得别人分享的信息和资源，也可以将自己拥有的、学习到的信息和资源分享给他人；你可以自主决定自己的朋友圈谁可以看，不让谁看……这背后的原因、机制和应对方式是什么呢，快和我一起来看看吧！

第一节　与你分享我的悲欢

TA 说

"今天没有发挥出正常的水平哦，怎么回事呢？"

"我们班的 A 同学在校园歌唱比赛中失利啦！这次什么名次都没拿到，还说是热门夺冠选手呢！"

"她唱得也不怎么样嘛，平时好像很厉害的样子！"

小 A 坐在教室里，脑中不断地回想起老师和同学们今天早上的话，心里很是难受。自己为了这次的校园歌唱比赛准备了一个多月，每天都在苦练比赛曲目，但今天的结果却一点儿都不让人满意，回想起比赛结束后老师失望的眼神，同学们背后的窃窃私语，小 A 恨不得找个树洞藏起来，不想再见任何人了。

放学后，回到家里，看着冷冷清清的家，小 A 终于忍不住放声大哭起来。回想起今天的经历，怎一个"惨"字了得。早上睡过头，没吃早餐，自行车没气，过马路差点儿被撞，还被司机臭骂，迟到被训，英语考试不及格，连最有把握的歌唱比赛也失利了。

"灰暗的一天，悲催的一天，原来自己一无是处。"当天晚上，小 A 发表了这样一条动态。哭过之后好像睡得更香，小 A 第二天起来发现昨晚那条动态下面的评论一大堆："怎么了？周末一起玩玩吧。""我也有过这种感受，很难受。""因为昨天的比赛吗？你在我们心中永远是最棒的。""人生难免经历苦痛挣扎，明年再来，看好你哦。"

"原来,在大家眼里我不是一无是处啊。"小A心里似乎没有之前没有那么难过了。

科学解密

白天一连串的打击让小A对自己失望至极,在社交软件上发表了消极的心情状态。你是不是觉得小A的经历有点儿似曾相识呢?在你感到无助和难过时,你是否也曾发过类似的动态呢?当你遇到问题、想吐槽、想发泄时你会怎么办?相信很多人都曾拿起手机,在社交软件上发表一条状态,表明自己的心情。在宣泄的同时因为得到朋友的关心和安慰,感受到来自四面八方的温暖,不开心的心情也慢慢地好转起来。

在社交网络时代,人与人的互动也慢慢地转移到线上。当你难过时,也许你的身边不可能立马出现一个可以倾听你的人,而在互联网上却可能很快实现。因此,社交软件使用者们或多或少都会有在社交软件上分享情绪的经历。而且,我们不仅仅是在伤心时才会发表状态,开心时也会发很多溢于言表的朋友圈。

大家发的情绪状态就像古人写的诗一样,既有表达郁郁不得志的,也有表明志向、一腔热情的。那么,你仔细想过,在社交软件上分享情绪时,自己具体收获了哪些体验吗?

1. 增加互动

俗话说，远亲不如近邻。意思是两个人的物理距离越近，那么他们的心理距离也会更近。同样地，如果两个人在同一个班，而且还是同桌，那么成为好朋友的概率就会很大。但是如果这两位好朋友分班了，他们联系的概率就可能会减少，而有了社交软件之后，联系的可能性又大大增加了。

在社交软件上，朋友之间可以就某个分享内容进行交流。当你发布难过的状态时，朋友会过来安慰你；当你分享开心的事时，远方的朋友也能感受到你的那份喜悦。朋友之间通过社交软件增加了互动的机会，可以跨时空、跨地域地交流和分享，互相鼓励，互相交流，互相了解。

2. 和朋友拉近距离

分享情绪能拉近你和朋友的距离，建立亲密感。有研究表明，分享是迅速拉近距离的有效途径。当你在空间或是朋友圈发表某个情绪状态时，不管是积极的还是消极的内容，你的朋友都可以从中了解到发生在你身上的事情，了解到你对某件事的看法，了解到你此时的情绪，并可能产生共鸣，产生相似的情感。这样一种情感上的共鸣可能会促进两个人感情的提升，拉近彼此的距离。

3. 宣泄情绪，释重前行

生活中，不如意的事情比比皆是，我们都有需要他人支持和鼓励、安慰的时候，合理使用社交媒体能给我们带来许多美好的体验和正向的能量及支持，但是过度传递负能量会给他人带来消极的情绪体验。就如鲁迅笔下的祥林嫂一样，开始大家还会特意来听听祥林嫂的悲惨故事并给她安慰，但后来听多了，大家就渐渐地厌恶这个絮叨的女人。其实，在我们生活中也是这样。据调查，喜欢在朋友圈频繁发表负能量和负面情绪的人是最不受欢迎的类型之一。

因此，我们在使用社交媒体的时候，一定要把握适度原则，不做无病呻吟之人，不做负面情绪的制造机器。同时将线上和线下的人际交往结合起来，找生活中的朋友，面对面地交流，能够达到更好的效果。

心理透视

我们在社交媒体上分享自己的情绪状态可以收获友谊，不过，分享的同时要尽量避免负面情绪传染朋友圈。为什么在社交软件上分享状态会增进亲密感呢？分享积极的情绪可以增进友谊，为什么分享糟糕的情绪也可以拉近两个人的距离呢？

1. 主我分享，增进亲密感

我们先来假设一个情境，你和新认识的同学在一起聊天，他说了句"我不喜欢下雨，到处都湿漉漉的"，如果刚好你也不喜欢，那么你的内心会产生一种情感上的共鸣，"好巧，我也不喜欢，不喜欢衣服会弄湿的感觉"。你给出的反馈让他有一种遇到知音的感觉，正如"高山流水"所描述的那样。这样一个遇到"知音"的过程，我们称为"主我分享"。在这个过程中，双方就同一个情境或同一个事件产生相同的情绪。这里说的分享不强调一定是积极的情绪，只要是能够引起双方共鸣的情绪，都能增进双方的亲密感。

在社交媒体上发布信息可以引发其他好友的主我分享。比如我们在社交媒体发布一条信息，如果有人恰好也有类似的想法或是情感体验时，他可能就会对这条信息产生一种相似的情绪感受，增加互动的可能性。如果他点赞或进行了评价，那么在这个互动中，我们会感受到来自对方的一种心灵的沟通和共鸣，进而增加好感和亲密度。这种主我分享经常发生在个体孤独的时候。

2. 自我暴露，展示自己

在社交媒体上分享自己的情绪除了是一种主我分享，更是一种"自我暴露"。所谓自我暴露就是指向他人展示自己，不仅仅是客观的家庭住址、班级、学习成绩之类的信息，还有自身内在的信息，包括对某件事情的态度看法、某时某刻的真实情绪等。自我暴露将自己的信息传递给对方，使得对方能够了解自己。这种互相的了解能够增加人们对彼此的喜欢。

自我暴露是人际交往中必不可少的一部分。互联网时代，网络上的自我暴露比现实生活中的自我暴露更加多样化、丰富化。这个现象一方面有着积极影响，另一方面也容易导致不良的后果。心理学家认为无论人与人之间多么的亲密，都会有一些不愿告诉他人的隐私存在。因此，在和朋友交往、在使用社交软件的同时，既需要坦诚相待，也需要维护好个人隐私。只有这样，才能发展出健康的友谊。

以上就是在朋友圈发情绪状态，即使是消极情绪也能被小伙伴们接纳，并增进感情的原因。当然，无论是消极还是积极的情绪都需要把握适度原则，不"扰民"是被小伙伴喜欢的前提哦！

发现新大陆

在社交媒体分享情绪和日常生活、和朋友互动可能是大部分网民的初衷。不过，有一部分人却不仅仅是如此。在他们发表的动态中，大部分的主角都不是自己，而是被称为"爱豆"的人。他们的喜怒哀乐很大程度上和"爱豆"有关。"爱豆"心情好，他们便跟着开心；"爱豆"遇到麻烦了，他们也会跟着担心。是的，他们被称为"粉丝"。

根据调查数据，"00 后"51% 的微博内容都和偶像有关。也就是说，超过一半的青少年在社交媒体上都会进行各种各样的"追星"活动。其中可能是加入社交媒体上的某个粉丝群，可能是打榜、应援、投票等，可能是选择穿戴与明星同款的服饰，模仿偶像的行为举止、生活习惯，选择与偶像"共生"的生活方式等。这些都是常见的粉丝行为,你有过吗?

进入青春期后,青少年开始追求个性的发展,开始思考自己的理想。偶像往往代表着某些优秀的特质,是追梦路上的成功者,所以容易吸引青少年的注意力,成为青少年的榜样。

青少年追星本质上是在寻求新的精神寄托和体验,都是不断重塑自我人格的表现。所以,只要是在合理程度上的追星,以优质偶像为榜样,学习偶像身上优秀的品质,就会给青少年带来好处。

2016 年的里约奥运会中,新加坡选手斯库林在男子 100 米蝶泳决赛中,以 50 秒 39 率先到达终点,打破奥运会纪录,赢了美国"飞鱼"菲尔普斯。有趣的是,斯库林一直将菲尔普斯视为偶像,而此刻,他超越了偶像。追星的正确方式不是仅仅停留在社交媒体上的疯狂"打 call",而是:我一直仰视你,最终努力活成了你的模样。

第二节 与你分享我的资源

TA说

周一的早上,需要早起去学校的小A却还赖在床上。小A的妈妈生气地走进房间:"你怎么还不起床啊,都要迟到了,昨晚是不是玩手机玩得太晚了?"看到小A没有一点儿反应,整个人蜷缩在被窝里,露出红彤彤的脸,妈妈担心地问:"哎呀,不会是生病了吧?"伸手一摸,"好烫啊!这得赶紧去医院看一下才行啊!"于是,本该去学校的小A被带去了医院。

中午,输过液的小A意识慢慢清醒过来,从医生那里得知自己是病毒性感冒,需要连输几天的药水,并且要在家好好休养,不能去学校了,因为可能会传染给其他同学。"还有一个礼拜就是期末考了呀,不能去学校的话,错过老师的复习总结课,会不会考不好呢?"小A想到这里,很是担心。

小A躺在床上,愁容满面。妈妈见到小A一脸心事重重的样子,关切地问道:"小A,你怎么了,是不是哪里还很不舒服?"

"其实也没什么,就是马上期末考了,不能学习有点儿担心。"

"在家里也可以看书啊。"

"可能有些知识点我还不是很懂。"

"哦,那能不能问问同学呢?或者借同学的笔记看看?"

"他们一整天都在学校,怎么借给我,怎么教我啊?"

"确实难办,能不能电话联系呢?"

"打电话?哦,我知道了!"小A开心地说道,"我知道怎么办啦!"

晚上,和同学联系后,小A便在QQ上收到同学发的课堂笔记图片和复习PPT,这下,在家也可以看这些学习资料学习了!

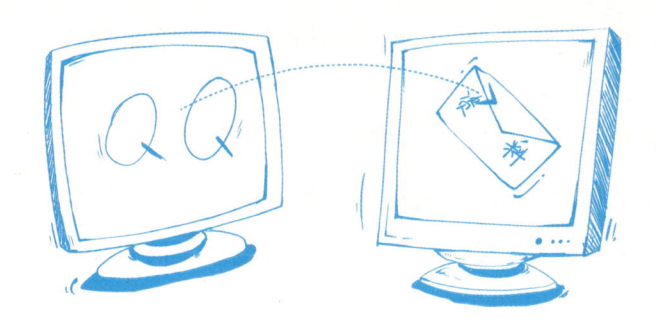

科学解密

生病无法去学校的小A虽然失去了现场听课的机会,但是因为现在互联网的发展,他可以通过社交软件接收同学发送的复习资料,一样可以在家学习。社交软件的存在,为我们的学习和生活提供了便利。除了能够一对一地进行资源分享,社交软件还能将资源同时分享给一群人。比如说,有时候,我们在网上看到一篇好的文章,一份学习资料,可以在自己的空间或者是朋友圈进行分享或是转发,也许你朋友圈里的某一个人恰好就需要这份资料。

网络时代,我们不仅是信息的接收者,更是信息的传播者和分享者。信息分享也是我们网络社交的一部分。当看到有意思的文章时,我们会转发到自己的社交媒体引发大家的思考;当听到"爱豆"新出的歌曲或是看到"爱豆"出演的电影,相信你也会不遗余力地在自己的社交媒体上进行宣传;当我们在微博上看到新出的段子或者一句流行语,我们便会不自觉地成为这个段子的助攻,在不断地分享和转发中将它推上热搜榜。

我们喜欢网络分享,那它给我们的生活带来了什么样的积极影响呢?

1. 网络分享互惠互利

我们都知道,21世纪是一个信息时代,计算机技术飞速发展,信息对整个社会的影响逐步提高到一种绝对重要的地位。信息量、信息传播的速度、信息处理的速度以及应用信息的程度等都以几何级数在增长，掌握更多的信息变得越来越重要。网络分享行为可以让用户手中的信息流动起来，传播到需要的人手里，同时获得自己想要的信息。

2. 网络分享传递不同的声音

进行网络分享的可以是能够接入互联网的任何人，可以是从事任何行业的普通人或是专家。言论的多样化、观点的多样化、角度的多样化促进了网络话语的多样化，丰富了视听，满足了不同人不同的需要。

3. 网络分享方便快捷

当你的手机或是电脑出现一点儿小故障时，网友分享的经验也许就可以帮助你解决。而若是换作网络不发达的时候，只有少数人才懂得如此专业的知识，想要专门去学则需要花费较高的时间成本和经济成本。网络分享的出现让每个人都有机会用较少的成本获取不同领域的知识。

正如硬币都有两个面，任何问题都应该辩证地看待。网络分享给我们的生活带来这些好处的时候也可能存在以下问题。

1. 病毒问题

当分享的内容是直接显示出来的时候，这个问题不存在。但当分享的内容是一个链接的时候，如新闻链接、资源链接，有心之人会将病毒插入其中，然后当我们欣喜地以为获得了自己苦苦寻找的东西，却不知在打开的时候就是毁灭的时候。

2. 助长了谣言的传播

有时候，也许是有心之人故意传播，也许是网友自身也没意识到自己分享的新闻或某个信息是不真实的，如果不加以控制，轻信网上的信息可能会变相地传播谣言。

3. 容易获得虚假信息

有时候，如果需要比较专业的信息，比如某个考试的时间，比如某个专业上的知识，还是需要去官方网站上寻找。2016年，魏则西和其家人从百度上看到莆田系的某医院的推广，咨询医院时，医生信誓旦旦地说有 80% 的治愈概率，并称自己拥有国外最先进的治疗技术（国外早已弃用该技术），而魏则西就医后花了大笔钱却死亡了。所以，百度不是万能的，不能完全依赖百度搜索的结果。

我们又应该如何面对网络分享带给自己的不利影响呢？

首先，在我们接受他人分享给自己的内容时，都要提高警惕，最好安装相应的保护手机、电脑安全的软件；其次，在了解事情全貌之前，不要人云亦云，随便传播不实的消息；最后，要注意自己在网上查找到的消息的正确性，千万不要盲信，以致受骗。

心理透视

网络分享就像一个强大的磁场，把每个人都吸进去。不知不觉中，我们都会参与到分享和传播的活动中，将我们看到的、学到的、拥有的信息和资源分享出去，同时也得到别人分享的信息和资源。

其实，这样的分享对我们并没有直接的利益和好处，获得资源的人可能还不知道你是谁，但我们还是愿意将自己看到的好文章转发出去，将自己听到的好歌曲分享出去。为什么我们自愿在网上进行分享，甚至是对陌生人呢？

这是因为每个人都有想要和其他人分享的心理，它可以分为以下五种。

1. 帮助他人，利他主义

当你发现了一个很有用的学习资源时，除了自己收藏下载外，也许还会想到其他同学可能也需要这份资料，因此顺手在班群或者其他社交团体中分享开来。在这里，分享是一种典型的助人行为，我们考虑比较多的是别人需要这个信息，

于是我们分享给他。在这个行为中，分享者与被分享者是一种帮助与被帮助的关系。这种利他主义广泛存在，我们的雷锋叔叔就是"利他主义"的代言人，做好事不留名。

2. 表现自我价值和才能

有些情况下，有些人在分享时的内心活动可能是：这部电影获奖无数，发个状态表示自己看了这部电影，会显得自己很有品位；抑或是分享某个领域的专业知识，显示自己的专业能力和知识储备。这种分享心理主要是从自己的需要出发，希望将自己的能力和理想最大化地实现。在这种心理下，分享者想要通过分享自己的资源来得到相关专业人士的注意，并得到他们的认可。

3. 表现个性

为凸显个性而分享的人作为网络中的活跃者而存在，他们之所以分享，是为了彰显自己独特的个性，通过网络分享将自己的情感、观点、个性特色呈现在互联网中的大家面前。

在这种分享群体中，他们可能会精挑细选、会对自己的分享行为进行仔细斟酌，例如选择什么样的分享内容以及分享的受众等等，并且将这些内容加入自己的个性特征，以取得他人的正面反馈。

4. 为了友谊

分享某个资源后，有需要的朋友可能会联系分享者，有没有类似的资源，一来二去，不仅可以互换资源，还能找到和自己志趣相投的朋友，收获友谊；或者仅仅是因为想通过分享来和已有的朋友保持联系。

5. 利己和好奇跟风

有时候，有些人之所以会在网络上分享资源，既不是为了帮助其他人，也不是为了表达自我，而只是因为在网络上发现了有用或者好玩的信息内容，标记一下，方便以后自己再次查看。在现实生活中，我们常常会在微博上或是朋友圈里看到朋友转发某篇文章或是某个视频时，会使用"mark""马一下"等推荐词。这种分享其实就是他们方便自己日后查看转发的内容。这样的行为既不是利他，也不是自我表现。有时候，这样的行为还会给他人造成困扰，因为也许别人并不想看到。

除此之外，有些行为是出于跟风心理。很多社交软件为了更好地吸引用户，会设置分享功能。这些分享功能的形式设置越来越多样化，有些用户对多样化的形式充满兴趣，于是会去尝试。有时候看到别人都在体验这样的分享形式，他们也会觉得不能落后，必须得体验一下。对于爱好新鲜事物的人来说，他的分享，大部分会是出于这样的心理。你身边有这样的朋友吗？

在这些分类中，你有没有看到自己的影子呢？你的分享是出于哪种心理呢？

发现新大陆

网络时代，信息很重要，但我们的信息存储能力早已不能和电脑相提并论。只要使用百度搜索，那些被你遗忘的信息或是未曾获得过的信息都会出来。但我们的大脑还是比电脑高级，因为我们能够深度思考、分析。信息时代，信息不再贫乏，甚至可以说是泛滥，如何搜索到可用、可靠、科学的信息是我们需要学习的。如果你还只会用百度搜索关键词，那说明你还停留在原始搜索阶段。是时候给你推荐几个网站了，这些网站你都用过吗？也许可以为你打开新世界的大门。

1. 豆瓣

一个分享阅读、分享电影等的社区网站，主要提供书影音推荐、线下同城活动、小组话题交流等多种服务功能，集品位系统（读书、电影、音乐）、表达系统（我读、我看、我听）和交流系统（同城、小组、友邻）于一体的创新网络服务，极力推荐给文艺爱好者的网站。

2. 知乎

知乎是一个真实的网络问答社区，社区氛围友好、理性、认真，连接各行各业的精英。他们分享着彼此的专业知识、经验、见解，为中文

互联网源源不断地提供高质量的信息。

3. 果壳网

类似知乎，但它是比知乎更专业化、科学化的一个社交媒体，一个开放、多元的泛科技兴趣社区。这个网站吸引了百万名有意思、爱知识、乐于分享的年轻人聚集在这里，用知识创造价值，为生活添加智趣。

4. 壹心理

如果你对心理学感兴趣，那么你一定不要错过这个网站。在这里，既有专业的心理健康服务，也有许多和你生活挂钩的科普话题，还有许多有趣的测试在等着你哦！

5. TED 中文社区

TED 是 Technology Entertainment Design（科技—娱乐—设计）的缩写，是美国的一家私有非营利机构，该机构以它组织的 TED 大会著称，这个会议的宗旨是"用思想的力量来改变世界"。TED 演讲的特点是观点响亮，开门见山，种类繁多，看法新颖，毫无繁杂冗长的专业讲座。TED 中文社区致力于传播 TED 资讯，实践 TED 精神。

6. 网易公开课

这是一个汇集了全球各地名校的视频公开课的网站，你不需要出家门就可以听到斯坦福、哈佛、牛津等名校教授讲的课。网易公开课是一个公开的免费课程平台，其内容丰富，涵盖人文、社会、艺术、科学、金融等领域。

7. 新东方多媒体学习库

新东方多媒体学习库是由新东方在线组织精英教师团队和优秀技术人员倾力打造的多媒体在线教育培训平台，依托于新东方强大的师资阵容和制作团队。新东方多媒体学习库向广大高校师生提供了丰富、实用的新东方原汁原味培训课程。

第三节　我的朋友圈，我做主

TA说

"这大概是我最郁闷的一天，班上的同学怎么突然都集体屏蔽我了呢？蓝瘦香菇。"

高晓坐在自己的位置上，脸上的失落毫无掩饰，看着同学们在教室里谈笑风生或是互相打闹，心里更加难受了。今天早上，高晓上完厕所回来的时候，本想走过去和玩得好的同学打闹下，却无意中听到同学们很兴奋地讨论昨天他们一起出去玩的事，讨论拍的照片，发的朋友圈某某某说了些什么。他仔细地回忆了一下，明明他也一直在刷朋友圈和空间啊，没有错过任何一条信息，为什么自己不知道他们谈论的是什么呢？

放学回到家之后，他拿出手机一看，还是没有啊。然后去看了下最近这些同学的朋友圈，发现都看不见了，难道自己被"屏蔽"了？

细思恐极，一阵心酸泛上高晓心头：为什么大家会屏蔽我呢？我这么天真善良可爱，在班里也是乐于助人，积极关注同学动态，在QQ、微信、微博上都很热心地给他们点赞、评论，和他们互动。

"他今天怎么一个下午都没说话，很少见啊，难道早上他听到我们说屏蔽他的事情了？"张释实看着高晓面无表情的脸，心里

觉得有一点点歉意，但是回想起上次自己发了条感冒很难受还必须要参加考试的说说，高晓不但不关心，还点赞并评论说自己那么娘，一个感冒还拿出来说，而他自己又每天动不动仰天45度角自拍，同一个角度每天发。不止张释实一个人这么想，班里同学都觉得高晓是个点赞党加自拍党，尤其喜欢点赞同学发的类似考试不理想、心情不好、上课迟到、玩手机被班主任看到的内容，还有毒舌评论，把自己的快乐建立在别人的痛苦之上。

如果你是高晓的同学，你会屏蔽他吗？

科学解密

从高晓的行为来看，被屏蔽是一件预期内的事情，因为他平时在社交网络上频频点赞，在人家伤心难过时还毒舌评论，让人感受到满满的恶意。

每个人的朋友圈都体现了自己的某些方面，任何人都不应随意置喙，尤其是进行恶意的评论，当你这样做的时候，也不怪乎被其他人屏蔽了。在朋友圈里分享什么东西是每个人的自由，接不接受、看不看也是每个人的自由和权利。因为对于每个人来说，自己的朋友圈自己做主！

最易被拉黑、屏蔽、删除的人群，分别是以下三种。

1. 自拍狂人

每天几张45度角，凑成九宫格或者六宫格的自拍，P图P到亲妈也认不出来，再美也是有审美疲劳的。

2. 无病呻吟

有一些人，喜欢伤春悲秋，沉浸在自己的世界里，只关心自己的情绪和自己的情感。在他的朋友圈里，每天都是负能量，看过之后整个人都不好了。

3. 把别人当成情绪垃圾桶

别人的每一条动态他都会评论，但都是吐槽、讽刺、冷言冷语。这种没有成本的情绪宣泄似乎让他很爽，但是让我们很不爽。

高晓是属于自拍狂人和把别人当成情绪垃圾桶这两类的。虽然他认为自己只是在和同学互动，但是在同学的眼里高晓的评论是充满恶意的。

那么我们对他人进行拉黑、屏蔽、删除的操作，会对自己产生什么样的影响呢？

1. 拥有更亲密的朋友圈

在微博或 QQ 上，如果有两个人同时申请加你为好友，不同的是一个人的信息显示你们有十几个共同好友，一个人的信息显示你们无共同好友，你会选择通过哪个人的申请呢？

很明显，我们会通过有共同好友的那个人。朋友的朋友就是朋友，我们会认为既然对方认识自己那么多朋友，那么首先这个人是可以信任的；其次，我们会认为既然他都能和自己的朋友成为朋友，说明彼此之间的话题会相应地多，联系也会强。

如果两人没有共同的朋友，那么关系就会比较弱。也许当时互相加好友只是因为参加同一个活动，活动过后联系少了，感情也就淡了，自然可以进行拉黑或者屏蔽的操作了。

2. 伤害彼此间的感情

越是主动加你的好友越容易被你删除。国外有一项研究，曾调查了超过 1500 名脸书（Facebook）用户，发现那些主动加别人好友的人更有可能被删除。在这些被试中，有 56% 的人是被加好友，然后主动删除；只有 16% 的人是主动加好友然后又把好友删掉。

如果我们随意地对他人进行拉黑或者屏蔽，相信自己也会受到相同的待遇，因此，我们不管是对待主动加我们为好友的，还是自己主动加他人为好友的，都需要理智地经营彼此间的友谊。

当然了，我们可以选择拉黑、删除、屏蔽别人，别人也有权利对我们进行相同的操作，所以，我们要如何避免自己走上惹人嫌的道路呢？

1. 不做言多必失者

言多必失，说多了总容易出错。从概率的角度来说，话说多了的时候会出现比较多的错误，或者说出不对的、不合适的话。这个道理在我们现实生活中是常见的，在网络社交中也是适用的。

相关研究结果表明，如果经常更新社交媒体上的状态或者发表一些

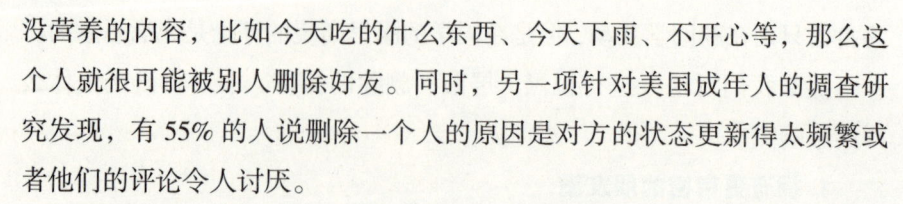

没营养的内容，比如今天吃的什么东西、今天下雨、不开心等，那么这个人就很可能被别人删除好友。同时，另一项针对美国成年人的调查研究发现，有55%的人说删除一个人的原因是对方的状态更新得太频繁或者他们的评论令人讨厌。

所以，我们在经营自己的朋友圈或者浏览他人的朋友圈时，需谨记言多必失的道理。

2. 远离"喷子"和"愤青"

有一种人，经常对一些人和争议大的话题发表偏激的言论，对什么事情都有话要说，他们通过批评评论获得一种优越感和自信。在微博上、论坛上可以经常看到他们的身影，和这类人相处比较费劲，而且会给人一种"来者不善"的感觉。

经常对争议很大的话题发表言论也会让大家比较反感，比如宗教和政治。除此之外，不当的言论，比如粗鲁的或者带有种族歧视的言论也是引发删除好友心理的重要原因。

对于喜欢参与争议性的话题，发表不当言论的喷子和愤青，我们要尽量远离，也不要步他们的后尘。

科学小站

拉黑还是删除？屏蔽还是分组可见？线上朋友圈的这些功能都在告诉你，你的朋友圈，你做主。

在我们的成长中有三个特殊时期，强烈要求对自己的生活要有自主感和独立支配感，这种强烈的需求就导致了我们对自己朋友圈的绝对掌控权。那么，个体的三个叛逆期分别是什么时候呢？

1. 第一个叛逆期：两岁时

每个人刚出生时，就像一张白纸，是无法分清自己和别人的，所以婴儿总是吃自己的手或者脚。到了1岁多的时候，如果你给他一面镜子，并在他不知觉的时候在他鼻子上点一个红点，他看到红点并用自己的手去触摸红点，那就说明他已经知道镜子里的映像来自自己，这是获得自我意识的一个重要标志，是自我意识的第一次飞跃。

当自我意识萌发后，人们开始对自己有更深的认识和体验，希望能够自己独立去做一些事，也学会了说"不"。你会发现，一两岁的孩子走路还不是很稳当，却不怎么怕摔跤，从父母的手里挣脱，要求自己一个人走。

人生的第一个叛逆期开始了，孩子经常说"不"，反抗父母的意志，以此来表明自己的存在和自己的意志。

2. 第二个叛逆期：小学

自我意识在进入小学后也得到了很大的发展，特别是一年级到三年级。自我评价，就是自己对自己在外貌、品德、能力、行为等方面的评估和认识，是自我意识的主要成分和主要标志。根据研究，进入小学，孩子对自己的评价从听别人的评价慢慢开始向自己独立地评价自己转变；慢慢地开始看到自己的优点和缺点，自己能够站在一个相对客观的角度来看待自己。这是孩子在小学里自我意识发展的一个显著表现。

由于自我意识的飞速发展，再加上进入学校后，接收了各种各样的丰富知识，孩子会产生一种"自以为是"的错觉。在这种错觉里，孩子自觉已经长大成为一个"小"大人，自己有能力去独立做很多事情了，但父母还是把自己当小孩看待。孩子想要在父母面前证明自己，于是开始将自己的能力和独立表现在对父母的反抗上，不仅说话模仿大人的口吻，而且故意做出和其他人不一样的行为，表现自己的个性。

3. 第三个叛逆期：青春期

我们都知道，进入中学后，身体会迅速发育，出现了成人的体貌特征。尴尬的是，青少年的心理还未成熟，心理发展跟不上生理发展的脚步。心理和生理发展的不协调导致青少年内心有些惶恐和不知所措。为了消除这些惶恐，他们开始更加关注自己的内心，关注自己的精神世界，反复地问自己"我是怎样的人""别人喜欢我还是讨厌我"之类的问题。这些行为促使了自我意识的第二次飞跃。

经历第二次飞跃，自我意识的发展变化是显著的。青少年的内心变得更加丰富、要求独立的愿望更加强烈，理想自我和现实自我打架，个性突出，自我认识和评价越来越客观。

但是，由于身体和心理发展不同步，导致自我纠结，青少年会经历更

多样的情绪体验，而且不稳定。随着自我意识的高涨，青少年会在意自己的形象，出门不再那么随意，害怕在大家面前出糗；理想很美好，却总是被现实所打败，因此，受挫体验也比较多。

青春期的青少年，正在经历第三个叛逆时期，对于自己的一切事物占据掌控权，不喜欢听其他人的意见，喜欢更加独立和更加自由的感觉，也因此，线上朋友圈是由他们自己做主的，在好友的选择上也是由自己做主的。

发现新大陆

在社交媒体上，如果不想看到某个人的动态，你可以对其进行拉黑或屏蔽。但在现实生活中，如果你不想听某个朋友的喋喋不休，你会直接说出来吗？现实生活中，如果某个朋友向你发出邀约，但你却不想赴约，你会怎么办呢？有很多人会有这样的想法，如果我直接开口对朋友说"不"的话，可能会影响两个人的友情，以后他再也不找我玩了，我不敢说"不"。

难道说"不"真的会这样吗？其实这只是因为我们不知如何拒绝。学会有技巧地说"不"，既可以维护自己的权益，也不会伤到彼此的感情。举个生活中的例子，有个朋友约你去书店买书，但是你身体有点儿不舒服不是很想去，你可以这么和他说："最近你提了好几次那本书，我知道你肯定很想去，换作是昨天我肯定答应你，可是我今天身体很不舒服，实在不想出门。你看要不我们明天下午再去？"

在上面的回复中，首先是认可对方，理解对方想去的心情。其次，明确地说"不"，同时真诚地说明原因。最后，拒绝对方后，提出另一个补救方案或是替补方案来满足对方的需求，询问对方"你看要不我们明天下午再去？"，把决定权交给你的朋友。

学会说"不"，不仅不会伤害朋友间的友谊，还能让自己在社交中感到更加舒服，不会感到勉强和委屈。

第五章 你是朋友圈的奴隶吗

在互联网占用我们的时间越来越多，线上朋友圈占据我们生活的分量越来越重的今天，我们好像逐渐迷失了自己：早上起来和晚上睡觉前必做的一件事情是刷朋友圈；出去游玩，一定要拍美美的照片，凑齐九宫格，编辑优美的文字进行发送，过一会儿看看是否有朋友点赞评论；朋友圈的大多数人发的动态类型，自己也要凑个热闹，不管是否符合自己的喜好。如果你有以上几点表现，就需要注意了，你有可能被朋友圈俘虏了。

互联网交际：我的线上朋友圈

第一节 今天你刷了吗

TA说

今天早餐不错，拍张照，加个滤镜，OK，发出去，然后去上课啦。

下课回到家，打开QQ、微信，看看有没有人给我发消息。

打开QQ空间和微信朋友圈，有人给我点赞和评论了呢，好开心，赶紧回复一下！

再看看大家有什么动态，哎呀，同桌他们去玩了呢，真好，点个赞。表哥刚看了一部新电影，貌似还不错，周末和朋友一块儿去看。老朋友发动态了，哈哈，好搞笑。哇，老师发了我爱豆的照片，原来老师和我粉一个爱豆！

再刷个微博吧，哎哟，我爱豆又上热搜了，真棒，太优秀了！出了一个新综艺，看预告感觉还不错，最重要的是有我爱豆，周末一定要看！我爱豆又出新歌了，好好听，明天一定要和同桌分享。又一个大学上热搜了，大学生活是这样的吗？还挺丰富多彩的。××明星被爆出负面新闻了，天哪，我对他印象还挺好的啊。唉，又一个学术泰斗去世了，好可惜。

好了，微博看得差不多了，再回头看看QQ和微信有没有新消息、新动态，又有人给我点赞了……

OK，今天该刷的都刷了，该做事了。

科学解密

随着互联网的快速发展和智能手机的普及，社交媒体成为我们生活中必不可少的一部分，网络社交在我们的生活中越来越普遍。案例中的状态也已经是我们生活中的一个常态，虽然我们现在是学生，大多数时间是在学习，但不可否认的是，"今天你刷了吗"这个问题的答案对于大多数人来说是肯定的。每天我们总会抽出一点儿时间来看有没有人给自己发消息，查看自己社交媒体的动态。而"你看到××同学发的那条朋友圈了吗""你看到××明星……了吗""亲，帮我给我刚发的动态点个赞吧"等是我们经常与朋友交流的话题。

总的来说，各类社交平台功能日趋完善，使用率、影响力也显著提升，刷各种社交平台已成为我们每日必做的功课之一，社交网络正发展为"连接一切"的生态平台。以QQ、微信、微博等为代表的社交媒体成为人们沟通交流、发表观点、宣泄情绪的重要平台，给我们的生活带来了很多便利，也对我们产生了一些积极的影响。

1. 增强自信，提高人际交往主动性

网络具有匿名性，对于一些不善社交的人来说，选择缺少视听觉线索的社交方式在一定程度上可以增强他们的自信。此外，社交网络具有平等性和开放性，使用者可以根据自己的意愿和爱好展示自己、选择交流对象，提高与人交往的主动性。

2. 扩大人际交往范围，建立稳定和广泛的社交圈

社交媒体对我们社交圈子的影响主要体现在以下三个方面。

①打破时空隔阂。通过网络社交平台，我们可以随时随地与亲友畅聊，

发布状态与亲友互动，更加方便快捷。

②通过社交网络可以找到多年不见的老同学、老朋友，比如小学同学、初中同学、高中同学等等。

③通过社交网络可以结识更多的朋友。按照"六度分割"理论，最多通过6个人，我们便可以认识世界上任何一个人。社交网络以人际关系为经纬，组成了一个细密的社会网络，只要我们愿意，我们可以与这个网络中的任何一个人做朋友。

3. 获取知识，了解社会动态

通过社交网络我们可以快速获取线下找不到或者需要大量时间搜寻的知识，比较常见的就是通过QQ、微信、百度云等媒介与好友分享学习资料。此外，社交网络能够即时更新国家、社会、娱乐等动态，并且传播能力极强，让我们在娱乐的同时开阔视野，关注社会时事，了解社会动态。

不可否认，社交媒体给我们的生活带来了很多积极的改变，但与此同时，也给我们带来了一些消极影响。

1. 生活碎片化

有时候我们会发现我们本以为自己是在碎片化的时间里刷朋友圈、刷微博，比如上厕所、吃饭时，但是事实上这些活动最终所花费的时间远超过了我们实际所需的时间，其实是这些活动把我们完整的时间碎片化了。

2. 影响学习效率

社交媒体为我们获取知识提供了资源，带来了便利，但是，有时候我们也会发现，通过即时聊天或者在朋友圈里向朋友请教问题，还不如一个电话或者当面讨论更有效率。群聊、讨论组为无法聚集到一块儿的小伙伴提供了便利，但是当我们明明可以聚到一块儿却还是选择这种方式时，解决问题可能要花费更多的时间。

3. 泄露个人信息

一些社交媒体是公开的，我们可以直接搜索另一个人，查看他的个人主页及动态。而有些用户缺乏自我保护意识，会上传大量私人照片和个人信息，甚至直接晒出名字、家庭地址、电话号码、证件号等详细信息。这样，一些动机不良的人可以很容易获得相关个人信息进行贩卖或者进一步实施侵害。

我们应如何尽量避免社交媒体的消极影响呢？

①合理选择使用社交媒体的时机，尽量不要让社交媒体分割完整的时间段。

②平衡线上社交和线下社交，不完全依靠线上社交。

③发布信息前注意保护自己的隐私，不轻信他人。

心理透视

从心理学的角度来说，我们为什么要"刷刷刷""发发发"呢？

1. 自我展示

社交媒体为我们提供了自我表达的空间以及寻求观众的机会，也为我们管理自我形象提供了可能。特别是对于一些在现实生活中羞于或者不擅长自我表达的人来说，通过网络社交能够更容易、更安全地表达自己。

社交媒体上的自我展示其实也是我们对自己状态、已掌握信息的分享。分享本身能让人感到愉悦，所以我们除了在线下与朋友分享外，我们还很乐意在线上与朋友、陌生人分享自己的状态、信息。

2. 获取归属感

心理学家认为人类有五种需要，这些需要像金字塔一样，从低到高依次是生理需要、安全需要、归属与爱的需要、尊重的需要、自我实现的需要，而在满足了最基本的生理需要和安全需要之后，人们要满足的就是归属与爱的需要。归属感是个人感觉被别人或被团体认可与接纳的一种感受。

网络社交在一定程度上满足了我们获取归属感的需要，我们可以在社交媒体上发布自己最新的状态，与认识或不认识的人分享自己的生活，当这种分享得到反馈时，我们的归属感油然而生："有人给我点赞，有人关注我""我可以和这么多人保持联系"。点赞、评论越多，归属感越强。

3. 其他动机

社交媒体有很多功能，除社交外还提供音乐、新闻、游戏、体育等各方面的信息，所以，当我们无聊时，刷社交媒体无疑是非常不错的选择。同伴压力也是我们使用线上朋友圈的一个动机，我的同伴都在用，我当然也得用。同时，受欢迎的需要也是动机之一，发一些状态，给他人点赞、评论或者他人对我们的点赞、评论都会使我们心情愉悦。

据调查，网络社交的使用人群年龄集中在10～29岁，并且学生居多。作为青少年，我们有自己的个性，我们有使用社交媒体的独有原因，那么这与我们青少年的哪些心理发展特点有关系呢？

（1）假想观众

"假想观众"是指我们认为其他人特别是同伴一直在关注我们、评价我们，并且对我们的想法和行为都很感兴趣。这一信念会使我们感觉自己像演员一样处于舞台中心，是别人的注意焦点。

社交媒体无疑为我们提供了一个前所未有、空间广阔、可以展现自我、观众众多并且可以得到反馈的平台，当我们发布状态、照片等时，其他人会关注我们，而他人的点赞、评论等互动更是加强了他人在关注自己的想法。所以，网络社交满足了我们的"假想观众"心理，也更能得到青少年的青睐。

（2）自我同一性

心理学家埃里克森指出，青少年阶段的重要任务是建立自我同一性。所谓自我同一性是指个体对过去、现在和将来的我的一种稳定连续且独特的主观感觉和体验。

在这一时期，我们需要仔细思考前期积累的所有关于自己和社会的知识，从我们扮演的各种社会角色及他人对我们的态度中整合成完整的自我，逐渐认清自己。而社交网络具有匿名性，缺少面对面交流的视听觉线索，这些特点为我们进行自我同一性探索提供了更多、更安全、更便捷的机会，为我们认识自我、整合自我提供了一个渠道，我们可以从他人的评价中、与他人的互动中对自我有更多了解。

发现新大陆

作为青少年，除了在线下探索自我，我们经常会以互联网为媒介，通过一系列自我表征和自我探索的行为进行"同一性实验"。那这些实验是怎么对我们的同一性发展产生作用的呢？

使用同步聊天，自我表征和自我探索时顾虑较少。

①网络同一性实验活动中，自我表征有较强的可控性，我们可以仔细斟酌和修改语言，美化语言的内容和形式；可以不考虑外貌；可以减少环境线索、非言语线索的注意，所以我们可以塑造不同的形象、价值观，尝试不同的自我，激发进行同一性探索的内部动机，以认识自我。

②使用一些社交网站发表状态、表达自我，我们可以获得他人多样化的评论和反馈，进而提高对自我概念水平的认识，明白自己的哪些特征更受大家的欢迎，以做出最佳选择，为我们形成稳定的同一性提供丰富的信息。不过，这些多样化的反馈中可能也存在大量消极的信息，有时会对同一性的形成产生阻碍。

③在这样的自我探索过程中，相对现实生活来说，我们可以尝试更多角色，例如进行角色扮演，不仅风险相对较小，而且可以促进我们理想自我与现实自我的整合，客观上促进同一性的发展。

第二节　放开我，朋友圈

TA说

2018年1月，苹果的两个股东——加纳伙伴基金（Jana Partners）和加利福尼亚教师退休基金（CalSTRS）联名发布了一封公开信，指出美国半数孩子觉得自己对手机上瘾，青少年手机成瘾的问题令人担忧。他们在信中敦促苹果开发新的软件工具，以确保孩子"以最佳的方式使用苹果产品"，协助家长更方便地限制青少年对手机的使用，并希望苹果研究过度使用手机对青少年心理健康的影响。此外，他们还表示，苹果公司需要对青少年手机成瘾，尤其是对iPhone成瘾这一日益加重的公共健康危机做出回应。

对此，苹果公司表示其早在2008年就开始提供家长控制工具以及为使用iPhone的儿童所做的其他保护。苹果CEO库克在演讲时回应，青少年使用iPhone成瘾的问题，主要是社交媒体的责任以及技术的过度使用。

科学解密

苹果股东的这一公开信在欧美媒体中引起一片争论，有媒体把社交媒体比作 21 世纪的烟草业，也有研究者持保留态度，认为人们对社交媒体的热衷，只是对生活的一种热情。

这些争论确实存在，但是，不可否认的是，如前面章节所述，以 QQ、微信、微博等为代表的社交媒体给我们的生活带来很多便利和积极影响的同时，其消极影响也越来越明显。

一、使用社交媒体的消极影响

1. 影响身体健康

我们使用社交媒体最常用的工具就是手机，而不良的手机使用习惯会影响身体健康。如：

（1）伤颈椎

低头时间过长，颈椎受到的压力会增大，导致颈椎前屈度发生变化，易引起颈椎间盘突出、颈椎不稳等问题。颈椎病年轻化的一个原因就是长时间低头看手机。

（2）伤腰椎

我们很多人喜欢半躺着玩手机，而医学研究表明，半卧位时腰椎由于缺乏足够支撑，会改变原有弧度，腰椎间盘所受重力增大，久而久之就可能诱发腰椎间盘突出。

（3）伤眼睛

长时间近距离盯着手机或电脑屏幕使眼睛始终处于紧张、用力的状态，不能得到充分休息，容易引起视力模糊、近视或者近视度数加深等症状。而在黑暗环境中玩手机及侧躺着玩手机也会使眼睛产生不适，甚至引发其他眼睛疾病。

（4）受到辐射

长期手机辐射对青少年的身体发育不利。伦敦大学研究人类脑神经及细胞的科学家曾发现，让正常白鼠连续接受4个小时频率范围与手机辐射近似的无线电波辐射后，白鼠的脑细胞、DNA结构均有被破坏的迹象。

所以，手机辐射也可能会对青少年脑部神经造成损害。

（5）影响睡眠

社交媒体成瘾会使我们不断延长使用社交媒体的时间，不断延迟入睡，减少睡眠时间，影响身体健康和第二天的精神状态。

2. 影响正常生活

过度使用社交媒体，会产生心理依赖或成瘾，而依赖或成瘾会影响我们生活的方方面面。

（1）影响学习和工作

对社交媒体产生依赖的个体会无意识地去寻找手机，一旦离开手机（比如在学校不能使用时），就会产生不适应、焦虑等感觉，这种状态势必会影响学习效率。而对于自控能力不强的人来说，很容易出现打开社交媒体就放不下，或者退出社交媒体心思不能及时收回，收回后注意力短时间内不能集中，集中后也更容易分散，无法快速集中精力学习等情况。

（2）影响现实社交

社交媒体缺少沟通双方的表情与肢体语言，给一些人带来了便利，但是过度依赖网络社交，会淡化其面对面的沟通能力和交际能力，社交能力不能得到提高，甚至在面对面交流时，出现沟通障碍、社交恐惧等问题。

另一方面，过度依赖网络社交，也会使我们不自觉地忽略人与人之间最真实的交流，人与人之间的距离越来越远，感情也越来越淡漠。

（3）影响心理健康

有研究发现，社交媒体成瘾的个体更容易产生孤独感、抑郁、焦虑、低自尊等心理状态，影响心理健康发展。

二、如何正确使用社交媒体

过度使用社交媒体会给我们的很多方面带来消极影响，所以，社交媒体是21世纪的一把双刃剑。但我们应该知道，打磨这把"双刃剑"的是一个个真实的、鲜活的、具体的个人，其主人不是别人，正是我们自己。那么我们应该对社交媒体持什么样的态度呢？

（1）对待社交媒体不拒绝、不依赖

合理安排使用时间，要知道"热情"能给生活添彩，而"上瘾"只会让生活失色。

（2）养成良好的使用习惯

不在黑暗中注视手机、电脑等明亮刺眼的光源；不躺着、侧着、半躺着玩手机；注意眼睛的休息，同时进行手部、颈部、腰部的放松活动。

（3）线上社交与线下交际相结合

应以线上社交作为线下社交的补充，将二者结合起来。

心理透视

欧美舆论已意识到社交媒体的消极影响，如法国已经开始全面禁止15岁以下儿童青少年在校园内使用手机，包括下课及午休时间。随着网络的发展，网络社交媒体依赖或者网络社交成瘾在我国青少年群体中也很普遍。

网络社交成瘾是对互联网的社交功能的成瘾，比如网络聊天、朋友圈、博客、论坛等。我们对其定义就是：过度使用互联网与外界进行人际互动，沉迷于在网络上建立、发展和维持亲密关系，而忽略现实中人际关系的维持和发展，导致个体心理、社会功能的损害。

除了网络自身的匿名性、开放性、便利性、弱规范性等特征，从个体心理的角度来说，我们为什么会沉迷于社交媒体构成的线上朋友圈呢？

1. 好奇心理

我们天生对新鲜事物有一种渴望，不幸的是，这种渴望在信息时代可能会适得其反，因为各种链接、推送、短信、邮件和图片等新鲜的事物实在太多了。在最开始接触社交媒体时，我们好奇、兴奋，很快被其

方便快捷、丰富多彩的特点吸引，并疯狂尝试，久而久之，就形成了查看信息、刷动态的习惯，最终过度依赖社交媒体。

2. 遗漏焦虑

遗漏焦虑是指害怕错过任何信息的一种现象，是我们依赖社交媒体的原因之一，我们害怕只要一离开社交媒体，就会错过与他人建立或者加强联系的机会。对于青少年来说，更在意他人对自己的关注和看法，所以，当我们不能及时评论朋友的动态，甚至说是错过了这个动态时，我们会觉得自己不能参与到他人的生活中，不是他们圈子的一分子，会让朋友对我们产生误解；或者我们错过了某条社会动态、娱乐动态，就不能和朋友聊到一起；等等。这种害怕遗漏的焦虑会加重我们对社交媒体依赖的可能性。

3. 社交动机

网络社交在一定程度上满足了我们社交的需求，对于一些人来说，线上社交比线下社交能更快捷地满足社交需求，以及对于一些不擅长线下社交的人来说，线上社交缺少眼神交流、声调、表情等非言语线索，可控感更强，能更好地满足社交需求，获得归属感。所以，他们更倾向网络社交，久而久之，线下社交能力不能得到提高，反而对社交媒体产生依赖甚至离不开社交媒体。

对于青少年来说，自我展示与归属感的需要更强，同伴关系对他们来说非常重要，所以他们的社交动机就更强，更容易对社交媒体产生依赖。

4. 压力

在生活中我们会有来自多方的压力，学习、工作、人际、家庭等等，适度的压力会使我们产生进步的动力，但是当压力过大，在线下的现实生活中不能得到及时缓解时，我们可能会从互联网中寻求解压方式，而线上朋友圈就是一个不错的倾诉和宣泄渠道。尤其是当我们发现，我们在网络上是匿名的，我们的倾诉和宣泄都不会让我们认识的人知道时，我们往往更青睐网络社交，久而久之，也更容易对社交媒体产生依赖。

5. 其他

除了上面说的这些心理因素之外，从众和归属的需要也是青少年使用网络社交的原因。青少年惧怕落单或者被孤立，同伴关系是非常重要的获取归属感的来源，所以他们更容易迎合同学或朋友，迫于群体压力产生从众行为，更多地使用网络社交。马云说："当你不去旅行，不去冒险，不去拼一份奖学金，不过没试过的生活，整天挂着QQ，刷着微博，逛着淘宝，玩着网游，干着我80岁都能做的事，你要青春来干吗？"所以，珍惜青春，对社交媒体保持正确的态度尤为重要，最大化地利用社交媒体为我们带来的便利的同时，也要谨防网络社交成瘾。

发现新大陆

Nick Clark Windo写的科幻小说 *The Feed* 讨论了高科技电脑时代人类与技术的伦理关系，而目前这一小说已被改编成电视连续剧，并于2019年11月在美国首播。

The Feed 的故事背景是：在不久的未来，社交媒体技术"Feed"发展到了可以直接下载安装到人的大脑中的地步，"Feed"无处不在，人们通过它可以获知世界上任何一个人传递的信息、情感和记忆，社会的运转完全依赖"Feed"的存在。直到有一天，"Feed"突然崩溃，世界陷入了末日一般的混乱，疾病和饥荒瞬间击溃了现代文明，曾经由"Feed"构建起的人类之间的信任也逐渐被消磨，适者生存的丛林法则再次统治了世界。

"Feed"的设定就像是当前各类社交软件的综合强化班，作者精准地点明了现代人的社交焦虑，使得这部小说科幻得相当真实。在接受采访时，负责制作该剧的工作室表示："我们都很清楚地意识到我们对社交媒体和技术的依赖，也恐惧于它对我们的大脑正在进行的改造，我们开始害怕，一旦失去它们我们将如何生存，而这正是 *The Feed* 的核心。""'Feed'成就了我们，又毁灭了我们，现在我们必须学会在没有'Feed'的条件下生存下去。"

The Feed 并不是只体现技术控制人的表象，它展现了当技术突然消失时，已经被异化的人们是如何行动的。社交网络使人们看起来密切沟通、相互了解，但就像亚马逊上对 *The Feed* 的介绍一样："这本惊人的小说来得及时，它探讨了很深刻的问题：什么使我们成为人类，以及在这个数字时代，联结的真正意义是什么。"

第三节 不从众，做自己

TA说

2018年5月，某自媒体发布了一篇文章《王凤雅小朋友之死》，文中称，该小朋友的家长以女儿患眼癌为由向社会求助，获得捐款15万元，却并未将捐款用于女儿的眼癌治疗，而是用于儿子的兔唇治疗，最终导致这个三岁的女儿去世。该文章一经发出，瞬间在网络中引起一片声讨，一时间王凤雅的父母受到了各种指责、谩骂：重男轻女、诈捐、做人不仁不义等等。

之后警方介入调查，却发现事实真相并非如此。王凤雅家属最初的筹款目标是15万元，但实际上只收到38 638元捐款，并且这些钱基本用在了女儿的治疗上，余下的1301元也在事件发生后交到了当地慈善会。至于给儿子治疗兔唇的钱，经调查和相关人员证

实，是由另一家基金会捐助，完全平行，并不存在诈捐。

至此，真相大白，但是这个不幸的家庭——一个苦苦挣扎的农村母亲、一个有智力缺陷的父亲、一个患兔唇的儿子、一个患眼癌的女儿，本应在爱心人士的帮助下，生活压力稍有缓解，却在失去女儿后，陷入了网络舆论的漩涡中。

科学解密

除了这一事件外，在网络上几乎每隔一段时间便会有类似的反转事件发生，比如罗一笑事件、某某练习生最初不被看好却突然爆红等等。这些新闻除了一些舆论本身就具有导向外，之所以如此迅速地传播开来，其背后的一个心理现象就是人们的从众心理。

从众心理指的是个人受到外界人群行为的影响，而在自己的知觉、判断、认识上表现出符合公众舆论或与多数人一致的行为方式，是大部分个体普遍存在的心理现象。从众现象在我们现实生活中非常普遍，比如说网购，典型的例子就是"双十一购物节"。社交媒体上的从众现象也很普遍，比如不经思考转发一些谣言，攻击某位明星，取笑朋友圈里的某个人，等等。而我们要做的就是不从众，做自己。那么从众有哪些类型？我们如何更好地做自己，不轻易盲目从众呢？

一、从众的类型

1. 真从众

真从众是我们真心地认同多数人的想法和行为，自愿地在思想上或者行为上与他们保持一致。这种从众是表里一致的，不会引起我们内心的冲突。比如，微博上你崇拜的偶像发布了新作品，多数人觉得还不错，你也觉得很棒，然后就转发或者写了一些赞美性的评论，这就是一种真从众。

2. 权益从众

权益从众是指由于某些原因，我们表面上暂时在思想或者行为上与多数人保持一致，但内心却不认同这些人的想法或者行为。这种从众是生活中一种主要类型的从众。比如，班级群里某位同学请大家帮他的某

个朋友投票，你并不觉得你要投的人在所有候选人中是最优秀的，但是碍于情面，不得不和大家一样帮他投票。

3. 不从众

这种情况是指我们不被群体所左右，在思想上或行为上采取与多数人不一致的行为。不从众也有两种情况。一种是我们内心想法与多数人一致，但是由于某些原因，表面上不能与他们保持一致。比如，你是某件事情的组织者，与同学们一样你也不想参与这件事情，但是由于你是组织者，你不得不在群里号召大家积极参与这件事情，并首先在行动上起带头作用。另一种是内心想法与多数人不一致，实际在思想上或者行为上也与多数人不一致。

当我们出现不从众的行为时可能会对我们有什么影响呢？

（1）内心矛盾

当我们选择与绝大多数小伙伴的想法或行为保持一致时，如果我们认同小伙伴的做法，显而易见，我们会觉得自己是这个群体中的一员，会产生归属感和亲近感。当我们内心并不赞同这种想法或行为时，会纠结自己是否做出了正确的选择，这种矛盾可能会持续一段时间。

（2）被排挤

当我们选择反对大多数小伙伴某种一致的想法或者行为时，从短时间来看，我们可能会受到他们的取笑或者排挤，但是如果我们确定他们的做法是错误的，我们做出了正确的选择，并且我们的行为与内心保持了一致，那么至少我们的内心不会再那么纠结、愧疚，这种排挤也会随着我们做法的正确性被证实而消失。

（3）缓解焦虑

当我们面对多数小伙伴的一致做法选择中立时，从短时间来看，这种中立可以缓解我们避免站队的焦虑，不过也有可能会让小伙伴觉得我们和他们不一样，不知道我们在想什么，等等。

二、如何应对从众现象

面对多数小伙伴们某种一致的想法或行为，或者是社交媒体上公众一边倒的疯狂赞美或者批评某一事件或现象时，我们应该怎样做呢？

如果我们认同绝大多数人的这一想法或行为，那就直接勇敢地表达自己的想法或做出相应的行为。

如果我们不认同他们的做法，确定他们的做法是错误的，请相信自己，坚持自己的做法。

如果我们对他们的做法存疑，那就在做出行动前认真思考几分钟，或者是保留观点先查一下资料。虽然一般情况下，少数服从多数犯错误的概率较小，但是不独立思考、缺乏分析，盲目从众也是不可取的。当我们在不了解事实真相时，对某个人"无脑黑"或者无条件相信某个谣言时，这样可能会对他人或者自己造成伤害。

心理透视

想要不从众，做真实的自己，可不是那么容易的，因此，我们需要深入了解一下从众心理。

一、从众心理产生的原因

为什么我们会出现从众心理或从众行为呢？主要有外部条件和内部心理原因两个因素。

1. 外部条件

（1）对信息的依赖

当我们掌握的信息越少，就会出现较少的独立行为和思考。

（2）对一些共同规范的遵守，形成了一种心理准则和定式

比如说"中国式过马路"，人们通常结伴闯红灯，即使大家都知道这一行为违反交通规则，但是法不责众，大家都这样。同样，微博上对

某个人的疯狂攻击也是如此。所以，当一个团体凝聚力变强的时候，即使这个团体出现一些错误的行为，大家仍然倾向于跟着大众的步伐走，按照群体规范做事。

2. 内部心理原因

（1）表明自己与他人友好的愿望。

（2）害怕自己不一致的发言会招来别人的指责。

（3）归属群体的愿望。

（4）图省事不费心。

（5）缺乏自信，认为多数人更正确。

也有研究者研究发现，缺乏自信、希望得到他人的认可和接受是从众行为产生的主要原因。

二、社交媒体中从众心理产生的原因

1. 环境因素

（1）信息的可信度

信息的可信度包括个人收集信息的可信度和权威信息的可信度。在线上朋友圈，比如说微博，会有少数人是微博中的名人或权威人士，占据核心地位，他们所发布的信息或言论也就成为权威信息，其观点会影响我们的想法。当我们发布某条状态时，如果我们个人信息的可信度较高，我们就会减少对权威信息的关注，加强对自身信息的阐述与表达；反之，当我们的个人信息可信度较低时，我们会增加对权威信息的关注，减少对自身信息的表达，这时候从众行为就会增加。

（2）对线上朋友圈的认同

对线上朋友圈的认同，是我们通过交流互动对线上朋友圈里群体的选择和依从，主要体现为对朋友圈主流观点的认同。朋友圈的主流观点体现了大多数个体的意见和观点，对这些主流观点的认同会使我们获得其他人的认可，增加群体归属感。所以当我们对线上朋友圈的认同较高时，更容易产生从众行为。

（3）群体规范

我们在现实生活中或者网络社交中会接触到各种各样的组织或群体，

会因为其与自己的年龄、兴趣、观点、信仰等有相似之处而加入某个群体，也有可能为了获取自己需要的信息而加入某个群体。但由于青少年心理发展不成熟，缺少足够的社会生活经验，会在很多问题上产生困惑，同时又迫切希望得到外界的认可和尊重，就很容易受到群体规范的压力，产生从众行为。

2. 个人特征

（1）自信程度

泰勒曾经说过："任何可能增加群体正确性感知的因素，都会增加从众行为，而与之相平衡的因素是个体的自信程度。"也就是说，当我们的自信心越高时，我们从众的可能性就越低；反之，当我们对自己的自信心较低，对群体的信心很高时，从众的可能性就会增加。

（2）知识水平

一方面，青少年处于人生观、世界观、价值观的形成阶段，受年龄和社会阅历的影响，缺少社会实践和对事物的判断能力，同时自我判断和分析能力也不够；另一方面，青少年处于学习阶段，擅长对周围的事物进行学习、模仿。因此，在知识水平不足、无法对事物做出判断时，青少年就更容易接受他人的建议和想法，从而出现从众行为。比如，当我们想发表一些消息时，如果我们自身知识水平不足，这时参考他人的信息或观点既可以减少来自他人反驳的压力，也更容易得到他人的认可。

（3）孤独感

青少年由于缺少社会交往的经验，对社会关系变动的心理承受能力较差，因此孤独感会比较强烈。线上朋友圈作为交流沟通、开阔视野的平台，满足了我们情感表达的需求，在一定程度上降低了孤独感。同时，为了减少孤独感，我们希望更好地融入线上朋友圈等社交平台中，因此也就更重视其他用户的评价，更容易产生从众行为。

了解了从众心理的原因和影响因素，当再次面对选择时，我们就可以思考更多，更可能做真实的自己。

发现新大陆

从众是我们社交媒体中一种常见的心理现象，壹心理曾提出社交网络十大心理特征，以下列出了比较常见的几点，看看你是否有这种心理呢？

1. 负面的宣泄——坏的总是容易传递出去

有研究表明，情绪愤怒的微博被转发的可能性远远大于厌恶、高兴和低落这三种情绪。针对推特的博文分析也发现，在检出的203种细分情绪中，负面情绪出现更加频繁，并且更加多样化。回想一下，在发微博、朋友圈时，抱怨学习不顺、环境污染、运气不好是不是更容易脱口而出？

2. 信息的患失——好的、有用的信息是不是悄悄溜走了

信息爆炸的时代，人人都会面对海量信息，有很多用户抱怨信息看不过来，但如果让软件来筛选，用户又担心遗漏了某些重要内容。抱怨垃圾信息太多但又害怕错过有益的信息，好像有用的信息正一条一条地从我们身边悄悄溜走，这便是用户面对信息的患失心态。

3. 虚荣的烦恼——粉丝降1个比涨1个带来更大的心理波动

粉丝被很多人看成面子，当作炫耀的资本，涨粉时高兴异常，掉粉时黯然神伤。涨粉和掉粉所产生的心理波动哪个更剧烈呢？行为经济学认为，人们总是强烈倾向于规避损失：一定数额的损失所引起的心理感受，其强烈程度约相当于两倍数额的获益感受。也就是说，掉1个粉丝的心理损失需要涨2个粉丝才能弥补回来。

4. 声色的诱惑——更喜欢看图片和视频

纯文字的博文和带视频图片的博文哪个更吸引你的眼球？给每一段文案配一张好图，或者发带有视频的博文，这些原则已经成为微博运营人员的基本常识。用户更喜欢直观、有冲击力的图片和视频，因为这能比阅读纯文字带来更多的直接感受，也更加节约认知成本。

第六章

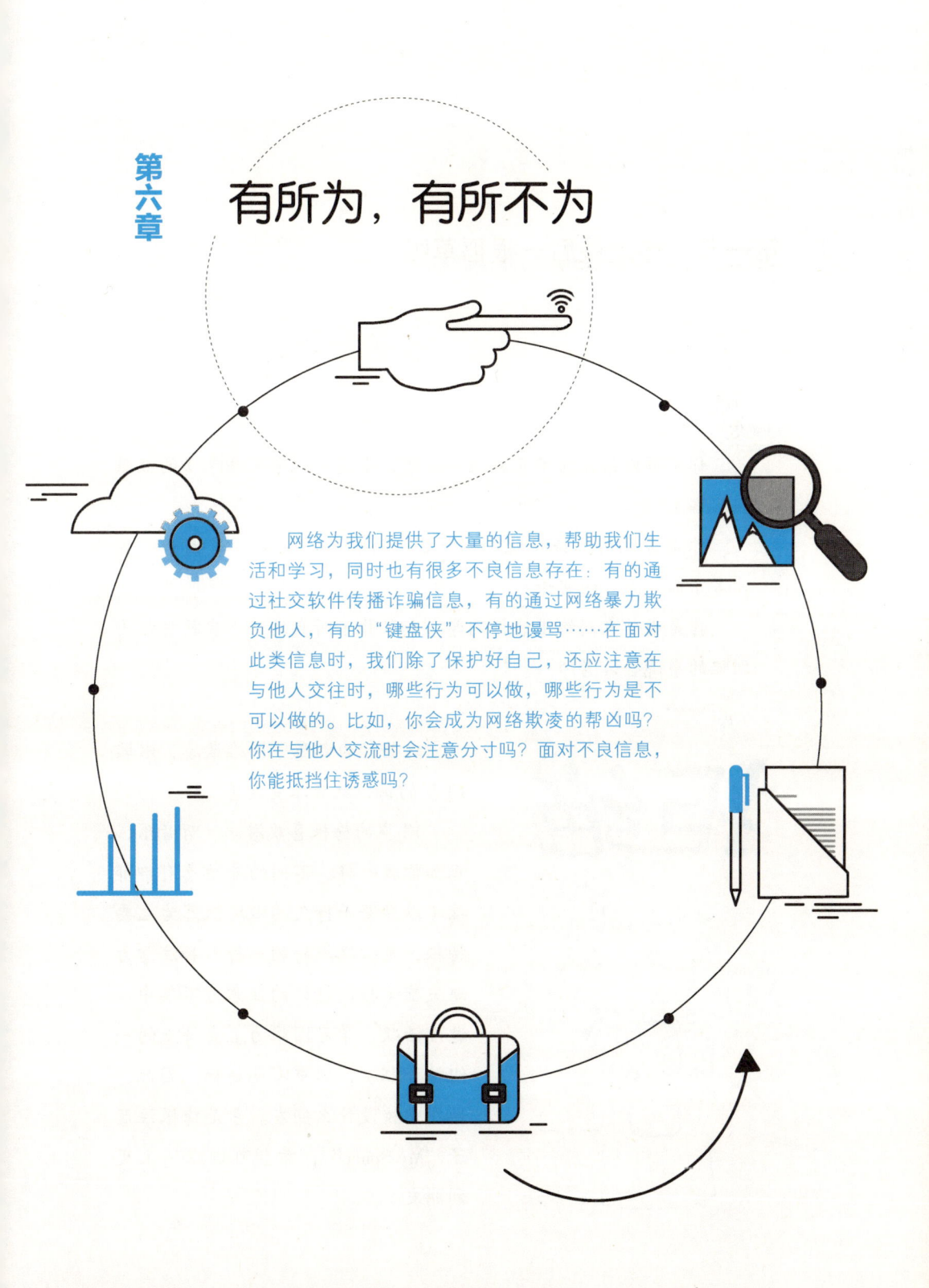

有所为，有所不为

网络为我们提供了大量的信息，帮助我们生活和学习，同时也有很多不良信息存在：有的通过社交软件传播诈骗信息，有的通过网络暴力欺负他人，有的"键盘侠"不停地谩骂……在面对此类信息时，我们除了保护好自己，还应注意在与他人交往时，哪些行为可以做，哪些行为是不可以做的。比如，你会成为网络欺凌的帮凶吗？你在与他人交流时会注意分寸吗？面对不良信息，你能抵挡住诱惑吗？

第一节　你是最后一根稻草吗

TA说

你是否以搞笑为名不经同学同意，发过令同学无法忍受的丑照在网络上？

你是否无实际证据就在网络上发过诸如"×××是因为作弊才考了第一名"的言论？

你是否曾在网络上告诉同学"如果你不听我的话，我就把你去网吧的事情告诉老师"？

……

这些行为都属于网络欺凌，永远13岁的梅根就曾深受其害。

13岁的梅根喜欢游泳、听音乐，正如你我一样，不同的是她患有抑郁症（以显著而持久的心境低落为主要特征，是心境障碍的一种）和注意力缺失症（指以持续的注意力不集中、过度活跃、学习困难为主要特点的一组综合征），体重有些超标。因此，她在学校没什么朋友。于是梅根注册了"My Space"，希望可以在网上交到朋友。

梅根在"My Space"上遇到了一个叫乔希的男孩，他们交往得很愉快，梅根渐渐地喜欢上了乔希并向他告白，而乔希却对梅根说："我听你们同学说，你不是个好人，我不想和你交往了。"并把两人的私密对话发送到网上。网友的言论让梅根感觉被羞辱了，觉得人生无望，因此选择了自杀。

而梅根的父母后来发现，乔希只是梅根同学的妈妈虚构出来的人物，目的就是报复梅根，只是因为梅根停止和她的女儿做朋友。虽然警方无实际有力的证据起诉她，但她因此丢掉了工作，不敢出门，怕被人们指责。

这就是梅根事件。

科学解密

梅根事件是典型的网络欺凌事件，通过这个案例你是否了解到网络欺凌的含义？

网络欺凌指任何人通过使用电子手段对他人进行的严重、重复的恶意行为，并以强迫、恐吓、骚扰他人或对他人造成实质情绪困扰为目的。

在网络欺凌事件中，主要有三种角色：网络欺凌者、网络受欺凌者和网络欺凌旁观者。网络欺凌者是指故意的、长期的以电子手段对他人造成身心伤害的人；网络受欺凌者是指承受伤害的一方；网络欺凌旁观者是指关注网络欺凌事件的网友。以梅根事件为例，梅根同学的妈妈和在网上以不当言论评价梅根的人都是网络欺凌者；梅根则是不折不扣的网络受欺凌者；而那些没有在网络上欺凌梅根，却围观他人欺凌梅根的人则是网络欺凌旁观者。

梅根事件的出现，起源于现代科技的发展，人们有了一种新的手段来进行交流，尤其是伴随着网络发展而出生的一代，他们更便利地使用网络来达到沟通、交际的目的。网络的高普及性，这是梅根事件发酵的大背景。

梅根事件发生的原因主要分为以下几点：

1. 网络的匿名性——Who know me

网络上可以隐匿自身的真实身份，这对于网络欺凌者来说，可以肆意发表在现实世界中不被法律或者道德允许的话语。梅根同学的母亲正是依赖于这一点无限地放大了对她的欺凌。对于梅根这样的网络受欺凌者，这无疑增加了找到欺凌者的难度，无法更好地解决这件事情。

2. 网络世界的虚拟性

网络世界的虚拟性让网络欺凌者和受欺凌者不必面对面，这就导致了欺凌者在进行欺凌时，由于没有直接看到受欺凌者所遭受的痛苦，会降低其内疚感，又自感无须负责。因此，欺凌者很容易无节制、不择手段地进行欺凌，直至造成严重的后果。

3. 网络欺凌让你无处可逃

和传统欺凌事件一般只发生于学校不同，网络欺凌依靠网络，无论何时何地，都可以发生，这使得受欺凌者无处可逃，即使在家，即使父母在身边，即使是深夜，梅根也会收到来自网络的恶意评论，从而辗转难眠，心情恶劣。梅根在网上受到欺凌之后，转学去了另一所学校，但网上的这些评论依然如影随形地跟随着她，不给她任何的"喘息时间"。

4. "My Space"或许不仅仅属于我

梅根事件发生的一个重要依托工具就是"My Space"——目前全球第二大的社交网站。

它是服务于全球的一个集交友、即时通信、个人信息分享等于一体的多功能互动平台。尽管 My Space 网站曾发出声明：本网站提供给任何用户举报网络欺凌的途径，并会通过人工和技术手段阻断攻击或威吓别人的网页出现。但是，青少年问题专家称：要想在网上完全规避这类事情的发生几乎是不可能的。

5. 网络欺凌者的无意识性

一位调查者向一位青少年解释了网络欺凌事件之后，这个青少年才意识到自己经常发丑化后的同学照片是属于网络欺凌行为，这就说明很多网络欺凌者并没有意识到自己的行为构成了对他人的欺凌，对他人造成了一定的心理伤害。

6. 学校、家长足够重视吗

当今时代，青少年愈来愈重视自己的隐私，不愿意过多地将自己的事情和家长、老师进行交流，而家长、学校也觉得应该给青少年更多的私人空间，这就导致了很多网络欺凌事件在发展到极严重的地步时才会被家长和学校察觉。

7. 缺少法律法规，无以惩治

梅根去世后不久，梅根的父母意识到"乔希"是女儿同学的母亲虚构出来的，目的是伤害他们的女儿时，警方却无法依据相关法律对她进行惩治。不过，虽然她逃脱了法律的制裁，但道德的规制也使她得到了相应的惩罚——她丢失了自己的工作，在居住的社区中抬不起头来，不敢出门，饱受他人的谴责。

心理透视

有研究学者将网络欺凌的表现形式和手段分为以下几种：网络欺凌的表现形式是威胁骚扰、侮辱嘲笑和散布谣言；网络欺凌的手段是盗取他人账号（QQ、微信、微博等）或通过网络聊天室、公共网站、电子邮件及手机短信使用语言暴力。

纵然网络欺凌的表现形式和手段多种多样，但只要寻根问症，找到网络欺凌的源头，就可对症下药，规避此类事件的发生。网络欺凌的发生可归结于以下两个方面。

1. 直接原因

（1）网络行为难以进行监管

由于网络的便捷性、匿名性和快速传播性，网络教育的不到位，社会监管的不力，导致了青少年在网络上的行为难以进行监控和管理，这是网络欺凌发生的必要条件之一。

（2）相关法律难以实施

由于网络欺凌是在发生了几起影响较大的案例后才受到国家的重视，而网络欺凌研究也就兴起了十来年，所以有关网络欺凌的法律法规仍然不完善，这亟待解决。

（3）受欺凌者维权意识不强

受欺凌者在遭受到网络欺凌时，一般都会默不作声，认为这没有什么大不了的，这只是同学们之间开的玩笑。但是正是由于受欺凌者的不作为才助长了欺凌者的行为，以致欺凌事件愈演愈烈，所以我们青少年应该要意识到网络欺凌的危害性，绝不助长此风。

（4）家庭教育的缺失

网络欺凌事件的发生和家长的教育方式、教育力度有着密不可分的关系。家长是孩子们人生中的第一位老师，家长的言行会影响孩子们的言行，并且如果家长没有给予孩子足够的关爱，他们有可能会在网络上欺凌他人以寻求满足感。

2. 根本原因

（1）自我认知偏差

由于网络世界的虚拟性和现实世界的真实性，很多青少年对于自己和他人在网络上身份的认知出现了去人格化和人性化的现象，主要表现为青少年在网上的行为失去了自制性，对网络上的他人缺乏基本的尊重和同情心。简而言之，大家认为网络世界的自己和他人并不代表真实的人，因此即使做些伤害他人的行为也不以为意。

（2）道德缺失

正是由于在虚拟的网络世界进行交友，才致使青少年缺乏现实世界中道德、法律的制约，因此可以随心所欲地做现实世界中不被允许的行为，这是青少年在网络中道德缺失导致的。

（3）宣泄压力

欺凌者在网络中通过欺凌他人可以宣泄自己在现实世界中所遭遇到的压力和不快，因此形成恶性循环，只要稍有不快或者有了压力就在网络上欺凌他人以此解压。

发现新大陆

网络欺凌带给人的影响是巨大的，它可能会伴随人的一生，因此我们在网上交友时如果遇到了网络欺凌事件，我们需要保护自己不受伤害。

下面大家先做一个小测试，看看自己是否曾参与到网络欺凌事件中，如果是的话，自己属于网络欺凌事件中的哪个角色？

1. 在网络上欺负、威胁、伤害或骚扰别人

  A. 曾经看到过这样的行为　　　　①从未发生过　②至少发生过一次

  B. 曾经被欺凌过　　　　　　　　①从未发生过　②至少发生过一次

  C. 曾经对别人实施过这样的行为　①从未发生过　②至少发生过一次

2. 通过电子通信产品（电子邮件、即时通信工具、网站等）开别人玩笑或恶意取笑别人

  A. 曾经看到过这样的行为　　　　①从未发生过　②至少发生过一次

  B. 曾经被别人实施过这样的行为　①从未发生过　②至少发生过一次

  C. 曾经对别人实施过这样的行为　①从未发生过　②至少发生过一次

3. 通过电子通信产品（电子邮件、即时通信工具、网站等）散布别人的谣言，使其人际关系变差

  A. 曾经看到过这样的行为　　　　①从未发生过　②至少发生过一次

  B. 曾经被别人实施过这样的行为　①从未发生过　②至少发生过一次

  C. 曾经对别人实施过这样的行为　①从未发生过　②至少发生过一次

计分方法：

每道题的 A、B、C 三个选项中，如果选①得 0 分，选②得 1 分。

旁观者：三道题 A 选项的得分相加，如果超过 0 分则是网络欺凌的旁观者。

受欺凌者：三道题 B 选项的得分相加，如果超过 0 分则是网络欺凌的受欺凌者。

欺凌者：三道题 C 选项的得分相加，如果超过 0 分则是网络欺凌的欺凌者。

大家对于自己的测试结果有什么想法呢？当你涉及网络欺凌事件中时，你是怎样保护自己的呢？不管怎样，我们都要向网络欺凌"SAY NO"！

第二节 语言的艺术

TA说

回忆片段：

吃太饱的鱼："我和你说哦，你不是也喜欢看科幻冒险类的电影吗，这段时间刚上映了一部电影，叫《侏罗纪世界2》，很好看啊！"

你的笔，我的♥："嗯。"

吃太饱的鱼（怎么只回了我一个字啊，她平常不会这样的啊）："怎么了？你是不是心情不好啊？"

你的笔，我的♥："嗯，我和室友吵架了。"

吃太饱的鱼："怎么回事啊？能和我说说吗？"

（一番沟通交流之后）

吃太饱的鱼："现在感觉怎么样了啊？"

你的笔，我的♥："还好啦，嘻嘻，我现在有心情去看电影了，看完之后和你聊一下啊！"

吃太饱的鱼："好的啊！"

现在：

吃太饱的鱼："你在干吗啊？"

你的笔，我的♥："哦，我和朋友在外面玩呢。"

吃太饱的鱼："哦。"

你的笔，我的♥："怎么了啊？"

吃太饱的鱼："哦，没事。"

你的笔，我的♥："那我先和同学玩去了哈！"

吃太饱的鱼:"嗯。"

吃太饱的鱼的想法:

我们两个都认识那么久了,也对彼此挺了解的了,我这个时候的反应就是不开心啊,她居然真的不问了,我平时都能够感觉到她心情不好,然后去倾听安慰她,她又是怎么做的?为什么啊?我有点儿生气!

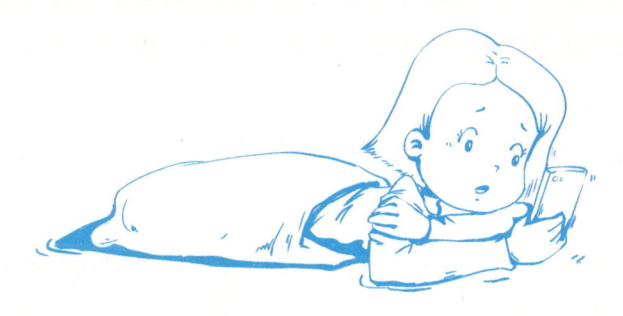

科学解密

上面的案例其实也涉及青少年线上交友中的一条人际交往准则:按照你希望他人如何待你的方式去对待他人,这是心理学中的"黄金法则"。你和别人的关系正如你和镜子里的自己一样,你对他笑,他就对你笑;你对他发火,他就对你发火。所以,只要你在网上交友时对值得的人付出关爱,就总会得到相应的回报,就像大山的回声一样。但需要注意的一点是,与"黄金法则"对应的一条法则,那就是"反黄金法则",它指的是"我对别人怎样,别人也应该对我怎样",这种态度其实是将自己的意志强加于他人,如果过度会使他人反感,也使自己不断受挫,就像案例中的吃太饱的鱼一样。

在线上交友时,个体主要是通过语言进行交际的,不可避免地会因为语言交流出现问题而影响人际关系,那青少年之间的语言交流出现问题的原因在哪里呢?

1. 个体因素

青少年正处于一生发展的重要时期,其心智还未健全,在语言方面的发展还比较缓慢，随着年龄的增长，个体才会逐步掌握说话的一些技巧。

2. 学校、家庭因素

学校的老师会通过教导学生各种学科知识，尤其是语文，让学生的语言能力得到进一步发展；而家庭中父母的言行也会对青少年形成一定的影响，青少年会以家长为观察对象进行学习，这就是"观察学习"。

3. 社会因素

当今社会不仅关注青少年学习成绩的优劣，还关注青少年的品德、身心健康、劳动能力、特长等，但这只是近年来才逐渐受到大家的重视的，所以在现今这个社会环境下，青少年还没有那么好的氛围来锻炼自己的说话方式、技巧。

如果你和其他人在网上进行交谈时，会说话，那么你们的关系就更近一步了。假如我们处理不好和他人的谈话，没有注意说话的技巧，则会对我们的交友产生一定的影响。

首先，我们可能因为不会说话而交不到新的朋友，比如，你和别人一交往，就以直接的语言问别人各种私人信息，可能会招致对方的反感，从而使对方萌生退意，不想和你做朋友。这样我们的交际圈就无法扩大了。

其次，当你和相识的人在线上进行交流时，如果你说的哪句话不当，可能让对方心生不满，从而影响你们之间的关系。

最后，当你和喜欢的人进行线上交流时，要注意说话的语气、措辞等，这样才能获得进一步的发展。

语言在线上交友时占据一定的位置，那么我们在和他人交往时需要注意一些什么呢？

1. 注意自己的言行举止

一个人的谈吐举止，是他面向他人的一张名片，如果你让对方感觉你是一个很有礼貌的人，会赢得他人的尊重，这只是基础的条件。如果想要受人欢迎，就需要言语幽默、投其所好，还需要有涵养，这样就会在网上交到很多志同道合的朋友。

2. 突出一点，放大自身光芒

当你和某人交往的时间并不长时，并没有了解对方的全部品质，只认识他的一方面，你对他这方面的最初印象就决定了对其的整体看法，形成了一种好的或者坏的"成见"。就好像日月的光辉在云雾的作用下扩大到四周，形成了一种光环作用。这是在人际交往相互作用中形成的一种夸大的社会印象，本质上是一种以偏概全的错误认知。

但是当我们和他人在网上进行交往时，可以利用这一现象。在网上和别人交往一段时间后，可能双方还不能彻底地了解对方，我们可以在言谈中凸显自己的某一优点，比如以幽默的言语给对方留下好印象，从而让对方对你产生好感，对你形成一种好的"成见"，这样会有利于你们接下来的交往。

3. 奇妙的第一感

青少年在网上和别人交友，初次对话时，会对对方产生"第一印象"，即第一次交谈之后对对方产生的印象。当人在与他人第一次交往时，给他人所留下的初步印象会长期占据主导地位，这是由首次印象所引起的一种心理倾向，也有很多人称之为"第一感"。

当我们在与他人进行初次交往时，要给他人留下一个好印象，这是必需的，这是因为第一印象会在今后很长时间内都影响他人对你的看法。

心理透视

青少年在线上交友时为什么会在语言方面存在这样或那样的困难？让我们从心理学的角度解析一下。

1. 你看别人是什么，你就是什么

当人们在不了解别人的情况下，倾向于假设对方和自己有某些相同的特点。也就是说，人们以己度人，认为自己具有的某些特性他人也会拥有，这就是"投射效应"。比如，一个人在和别人进行线上交往时，如果对方发过来"……"的信息，这个人可能感觉对方不想和自己聊了，

认为自己说话很无趣,但实际上,对方的含义可能是"你厉害,在下服了"。为什么会这样呢?这是因为这个人在不想和对方聊了的时候就会发"……"的信息,所以这个人认为对方表达的意思和他所想的是一样的,但这只是该人将自己的想法投射到了对方身上。

投射使得人们倾向于以自己是什么样的人,对方就可能是什么样的人来知觉对方的语言含义,而并不按照对方实际的意思进行认识、推理。投射效应是一种严重的认知心理偏差,因此,当我们和其他人进行线上对话时,需要客观、辩证、一分为二地对待自己和他人,这是我们克服投射效应的好方法。

需记住,世界是一面镜子,你看到的永远都是你自己的样子。

2. 说者无心,听者有意

常言道:"一句话能把人说笑,一句话也能把人说恼。"在和对方对话时,你可能只是无心地发给了对方一条消息,但对方却认为你说这句话是故意伤害他,于是招致了对方对你的反感和疏远。把话说到位,掌握说话的艺术,说不定就能交到一位好朋友,反之,很可能给自己找了一个潜伏的敌人。

他人无心,并无深意的一句话,你听后觉得心里不是滋味,特别不舒服,这就是"瀑布心理效应"。也就是说,发出信息的人觉得这句话并没有什么特殊含义,只是一句平常的话,而接收到信息的人则认为这句话很明显地伤害了他,引起了心理的不平衡,从而对对方的态度发生了转变。该效应正如大自然中的瀑布一样,上面平平静静,下面却水花四溅,波涛起伏。

如果你想在网上交到一个好朋友或者通过线上交往加深和对方的亲密程度,那就需要掌握说话的艺术,时刻提醒自己不要犯无意间伤害别人的错误,以免自己无心说的一句话招致对方的不满,为自己招来灾祸。

3. 我就喜欢喜欢我的人

在和其他人进行交际时,你是否发现你喜欢与之交往的人,往往也喜欢你;而你讨厌与之交往的人,往往也并不喜欢你。这就是"好感报酬效应"，即人们在交朋友的时候往往会喜欢那些喜欢他们的人，对那些不喜欢自己的人敬而远之。

一般来说，只要对方向我们表达言语上的好感，我们就更喜欢与之对话，这适用于任何人。虽然明知对方的赞美、表扬可能只是客套话，但我们也会心情愉快，喜欢和他继续交往下去。

而当你对某个人没有好感的时候，也会体现在你的言语上，这就致使你们两个在进行对话时很容易"擦枪走火"，对骂起来。

4. 你会表达吗

一个吝啬鬼掉进河里，有个好心人在河边说："把你的手给我，我拉你上来。"但吝啬鬼怎么也不肯将自己的手给这个想要帮助他的人，好心人百思不得其解，终于想通后对吝啬鬼说了一句话，吝啬鬼就把手给了好心人，吝啬鬼终于得救。想一下，好心人说的那句话是什么？其实，好心人只是说道："我把手给你，你快抓住我的手，我救你上来。"其实，好心人前后说的这两句话表达的意思是一样的，那么为什么产生了不同的效果呢？这就是因为吝啬鬼觉得后一种说法自己并没有损失什么，只是别人给了自己东西，不是自己把东西给别人。这就是"框架效应"，即同一件事或同一句话由于表达的不同产生了不同的效果。

青少年在和他人进行线上交流时要注意，言语和表达会影响对方的决定和想法。说话是一门艺术，在和对方交流的过程中，关键不是说什么，而是怎么说。

在生活中，你是否也经历过类似的事情呢？如果有的话，是什么事呢？

发现新大陆

测测你的交友原则

你身边的朋友是怎样的人呢？又是什么吸引了你和他们成为朋友的？你的交友原则是怎样的？想知道的话，就做做下面这个小测试吧！

假如你像陶渊明所写的《桃花源记》中的那位渔人一样，进入了一

个恍若人间仙境的世外桃源，那里没有喧嚣，没有吵闹，没有烦恼，有的只是平静、安和、快乐。那么在进入这个地方时，你第一眼看到的会是什么？

A. 挽起衣袖正在洗衣的少女
B. 和蔼慈祥的老人
C. 在家门口嬉戏的儿童
D. 正在交换物品的人

结果分析：

选择 A：人生得一知己足矣，这是你的交友原则。你交朋友只在乎感觉，只要和对方看对了眼，就会主动亲近对方，和对方成为好朋友，但是和你合不来的人你连多看一眼也不会。你的朋友圈虽然较窄，但友谊很深。需注意的一点是，你要关注与他人的人际关系，否则可能会容易惹得其他人不高兴。

选择 B：一切随缘，自然地交到朋友，这是你的交友原则。你认为交朋友是顺其自然的事情，不必强求去追寻哪一类的朋友，不会为了某一目的违背心愿和与自己生活理念不同的人在一起，这是交朋友的一种理想做法。

选择 C：你对于交朋友这件事情并不太上心，你的个性较为孤僻，在他人看来你就是一朵随风飘荡、来去不定的孤云。你既不希望别人介入自己的生活，也不会去管别人的闲事，你生活在自己的世界里，这在现代社会并不是一种流行的趋势。你认为自己可以称得上朋友的人屈指可数，时间久了之后，可能会造成心灵的闭塞。所以，你需要试着向周围的人敞开自己的心扉，试着和其他人进行交往，多交一些朋友哦。

选择 D：你奉行交友为广的原则，并不在乎这些朋友是否是你可以推心置腹的挚友。你活力四射，四海为家，走到哪儿都有可以投靠和寻求帮助的朋友，你认为不同类型的朋友可以让自己从不同的角度来观看这个世界。当然，你需要注意的一点就是，学会长点心眼儿，避免被别人骗。

你选择朋友的标准是什么呢？

第三节 "禁果"不可触

TA说

小鱼，一个普通的18岁少女，在收到××大学的录取通知书后，对自己的大学生活做了美好的畅想和规划，正如我们一样。

不幸的是，在2016年8月21日下午16:30左右，一通来自地狱的通话，夺走了正值青春、即将迈入大学开启自己人生新篇章的这位花季女孩的生命。

出生于××省农村的小鱼接到了一通来自陌生人的电话，对方声称自己是教育局的人，需要她把学费汇入指定账户中，才能领到助学金。由于在18日小鱼曾接到教育局发放助学金的通知，并办理了相应的手续，所以她没有怀疑对方的说辞，以为对方真的是教育局的工作人员。

于是，小鱼按照骗子的指示将9900元上大学的费用打到了对

方的账户中……在发现被骗之后，小鱼立即和家人去警察局报了警，但是，小鱼却由于心情万分悲伤、难过，在报完警回家的途中，突然晕厥，陷入昏迷，虽然医生尽力抢救，但是仍没有挽回她18岁的生命。这是多么令人惋惜的事情啊！

经过警方的努力，8月28日，"小鱼电信诈骗案"的全部嫌疑犯被捕入网。小鱼被骗的9900元被警方追回，但是小鱼的父亲却满脸悲伤地说道："如果能判这几个嫌犯死刑，我不要钱。"

小鱼在她一篇名为《我的家庭》的作文里写道："父母已年近半百，过了半辈子了呀，但还没跟我们姐妹俩享一天清福呢。所以，我一定要很努力地学习才能报答我的父母。"

很可惜，小鱼的家人等不到那一天了。

科学解密

"小鱼电信诈骗案"的发生，其一，归结于学校教育的缺乏，没人给予他们足够的警告和嘱托，这致使了青少年在面对繁华的网络世界时不知其凶险、丑恶；其二，家庭的教育也很重要，小鱼的家境较为贫困，9900元对于她的家庭来说是一笔不小的费用，这就使她对这笔被骗的钱看得很重，心理压力过大，无法承受，如果她能稍微放宽心一些，家长给予适时、恰当的安慰与开导，或许，死神就会悄然远去；其三，刚刚成年的小鱼缺乏足够的判断力来辨别信息的真伪，轻信了他人的话，是由于她还未真正做好准备面对这个世界。

最重要的一点是，诈骗犯们无所不用其极，不管不顾他人的死活，违背道德与法律，谋害他人钱财，这是最需要严惩的。

当青少年在进行线上交友时，就不可避免地面临着网上或好或坏诸多烦琐的信息。互联网在提供给青少年便捷的学习交流环境、娱乐环境和交友环境的同时，也提供着会对青少年产生巨大危害的不良信息，如案例中出现的诈骗信息。

网上的不良信息包括诈骗信息、暴力信息及色情信息等。那么，在

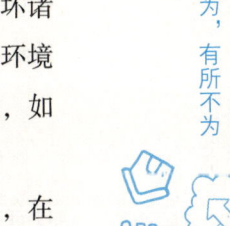

网络社会的大背景下，青少年网上交友遇到的诸多不良信息会对他们产生什么不良影响呢？

1. 影响青少年的生理发展

青少年正处于长身体的阶段，网游、色情信息的吸引，可能会使得青少年成为"死宅"一族，长期坐于电脑前，不进行户外运动，容易使视力变差，身体状况变差，不利于发育。

2. 陷于"软瘾"无法自拔

软瘾指的是强迫性的习惯、行为或回复性的情绪，是一种心理上的成瘾，就如精神鸦片一样。比如，青少年过于沉湎打游戏，在有作业要完成时，也顾不上写作业，只想着先玩游戏，一会儿再写，但一般玩着游戏就不记得有写作业这回事儿了。生理表现为睡眠不足、眼睛疲劳等；心理表现为期盼与更多的网友共处，而忽略了自己身边的亲朋好友，离开网络期间心情低落、易怒。

3. 阻碍青少年的社会化进程

过于沉迷网上交际的青少年，性格会逐渐变得内向、不爱与现实中的人交流，不能很好地处理现实生活中的人际关系和矛盾。他们只局限于与虚拟世界中的人交往，习惯了网上的交流方式和语言，一旦回到现实世界中就无法以正常的语言和他人进行交流，这也会减少他们与他人进行交往的欲望。

青少年在交友时，面对网上的不良信息该如何自处呢？

1. 自觉抵制不良信息

青少年应自觉抵制各种不良信息，不浏览、不传播、不回应、随手举报；通过学习培养自己的高雅情趣，合理掌控自己的好奇心，加强自控和自律能力，让不良信息在自己这儿湮灭，那么不良信息的传播必将能被有效地控制住。

2. 养成健康有益的生活习惯

青少年应从小养成规律健康的生活习惯，培养合理的兴趣爱好，制订合理的事件安排表，培养交际能力和表达能力，适度、健康地上网。

3. 培育健康人格

健康人格是指有利于发挥人的潜能、完成自我实现的追求、积极向上的心理品质的总和。培育健康人格就要求我们能够建立和谐的人际关系，不论是线上的还是线下的；具有正确的政治觉悟；具有良好的情绪调节能力。这样我们才能在遇到不良信息时游刃有余，不受其迷惑。

心理透视

青少年在网上交友时经常面临各种不良信息，我们将之称为"禁果"。那青少年为什么容易受到"禁果"的诱惑呢？

1. 越禁越禁不掉

为了避免对青少年的身心健康造成伤害，网上充斥的各种不良信息都会被尽量消除，家长和老师也不断告诉青少年这些信息是不好的，他们不能接触，但是，这在一定程度上反而会激发青少年的好奇心和逆反心理。就如罗密欧与朱丽叶一样，两人深爱对方，虽然受到家族的万般阻挠，但也铁定了心非要和对方在一起。这就是"禁果效应"，也被称为"罗密欧与朱丽叶效应"，指越是禁止的东西和事情往往越会受到人们的关注，人们会充满好奇地想要去探索和了解被禁止的到底是什么。

网上的不良信息对于青少年来说就是"禁果"，对于无法知晓的充满神秘氛围的事物，比青少年随手可轻易接触到的事物更具诱惑性，更加促进和强化了青少年想要接近和了解的渴求。就好比家长和老师总是不准孩子阅读不健康的书籍，不准孩子玩游戏，不准孩子网络交友……但一味禁止并不能使孩子们顺从，反而增加了他们的好奇心和反抗心理，并在这种心理的驱动下，不顾后果地去追寻那些"禁果"。

2. 行为的增强

青少年痴迷于游戏，尤其是涉及暴力信息的网络游戏，这不是没有原因的。青少年在玩网游的过程当中，如果抢夺他人的财物、侵占他人的领土等，自己的等级就会提升，也会得到装备的升级，这无异于使青少年更加乐于实施抢夺他人财物、攻击敌人等行为。这里就涉及心理学家斯金纳的强化理论，即当一种行为出现之后，紧接着呈现一种强化刺激，就会增加这种行为以后出现的概率。

青少年在接触到暴力信息之后，可能会受到游戏对他们的强化，从而增强这种接触暴力信息的行为。

3. 青少年身心的发展

青少年处于一生发展中的特殊时期，是儿童逐渐转变为成人的过渡时期，即青春期。青春期是以身体的发育、成熟开始的，最终以性成熟结束。青少年在这一时期会发生明显的生理变化，比如，身体抽高、性器官的发育、梦遗和月经初潮的出现等；青少年的心理也会在这一时期发生较明显的变化，认知过程发生较大的跨越，如理解能力、思维、分析和推理的能力等。

青少年身心的发展也改变着他们对世界的看法和做法，网上的不良信息也乘虚而入。

4. 性教育的发展

在中国，有关青少年性教育知识的普及做得还不够到位，大多数学校的性知识教育都是一概而过，并不会详细讲解，而父母对于这一话题也是讳莫如深的，这就使得青少年出于对性的好奇可能会以不正当的方式获取自己想要知道的信息。青少年由于缺乏性知识的正统教导，可能会控制不住自己，深陷于网络色情信息中。

发现新大陆

随着信息技术的快速发展，互联网已成为青少年求知、社交和娱乐的重要平台。为青少年构建良好的网络生态环境，保护青少年的网络安全，对青少年的身心良好发展有重大意义。为此,各方做了很多积极努力和深入探讨。

1. 2019 未成年人网络保护研讨会

2019 年 7 月 18 日,中国网络社会组织联合会与联合国儿童基金会共同主办"2019 未成年人网络保护研讨会",邀请政府、社会组织、企业、学校代表及部分家长和儿童代表,共同就加强儿童个人网络信息保护,为儿童营造健康的网络环境进行研讨交流,并针对社会各界、政府主管部门、各类组织和个人、网络社会组织、互联网企业、学校、家庭及青少年自身发出八项倡议,以维护青少年在网络世界中的健康成长。

更多信息请查看"2019 未成年人网络保护研讨会"官方网站:http://qnzs.youth.cn/zt/qlwlkj/。

2. 重庆首届"儿童青少年情绪与行为问题"学术研讨会

你想要了解为何网络游戏对我们有如此大的吸引力,以致我们有可能对网络上瘾吗？2019 年 11 月 22 日,由重庆市心理卫生协会主办的重庆首届"儿童青少年情绪与行为问题"学术研讨会在重庆市第十一人民医院举行。

本次会议聚焦于"网络成瘾"这一主题,旨在系统、深入地理解和掌握青少年儿童网络成瘾的现状、特点、成因、机制以及如何干预。重庆医科大学附属第一医院精神科况利就"成瘾医学"最新进展进行了主题报告；西南大学心理学部高雪梅教授就"暴力电子游戏对青少年攻击性的影响及神经机制""网络游戏成瘾对青少年心理及大脑的影响",从青少年为什么喜欢玩网络游戏及为什么青少年会网络游戏成瘾的角度进行了讲述。

第七章

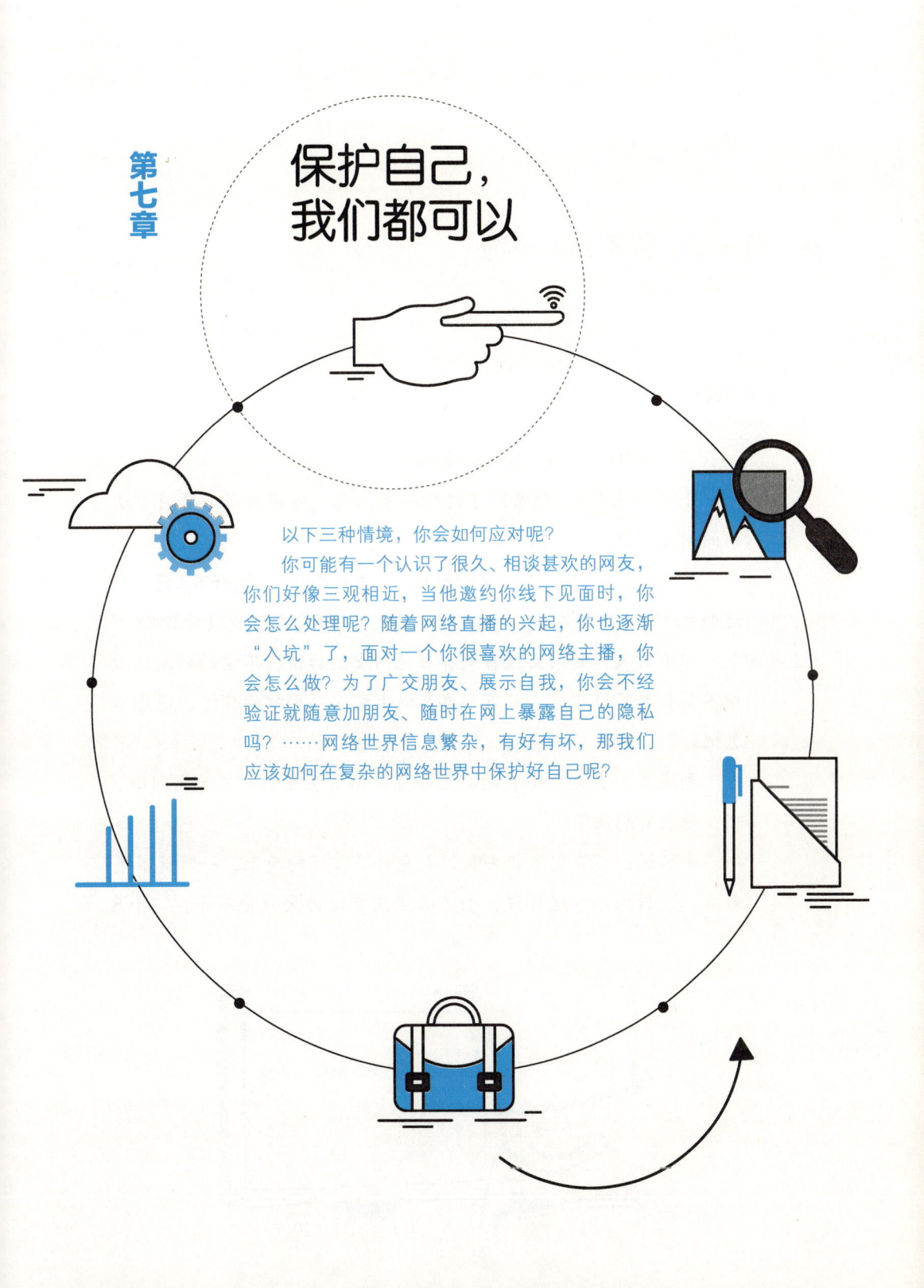

保护自己，我们都可以

以下三种情境，你会如何应对呢？

你可能有一个认识了很久、相谈甚欢的网友，你们好像三观相近，当他邀约你线下见面时，你会怎么处理呢？随着网络直播的兴起，你也逐渐"入坑"了，面对一个你很喜欢的网络主播，你会怎么做？为了广交朋友、展示自我，你会不经验证就随意加朋友、随时在网上暴露自己的隐私吗？……网络世界信息繁杂，有好有坏，那我们应该如何在复杂的网络世界中保护好自己呢？

第一节 约不约？不约！

TA 说

"明晚你有空吗？我们见个面吧！"

小 Z 一上 QQ，就看到了这样一条消息。发送者是一个月前认识的网友，是位"大叔"。

"去还是不去呢？"小 Z 心想着，"明天是周六，刚好不上课，和这个大叔聊了这么久了，也看过照片，发过语音，见面也没什么吧？"

但小 Z 又想起网上经常有各种见网友然后遭遇不幸的新闻，心中不禁打起了退堂鼓。"万一要是遇上坏人，那就麻烦了，还是不见吧。"

到底去不去呢？小 Z 的心里一直拿不定主意。"不如问问小 S 吧，她最有想法了。"

小 S 说："肯定不能去啊，太危险了，还约晚上，一听就不是好人。"听到小 S 这样说，小 Z 心里默默地为大叔抱不平："小 S

怎么能那样说大叔呢，她根本不知道大叔是什么人。"

于是小Z立刻回复大叔："好的，明晚见。"

第二天一起床，小Z就开始想象大叔会不会比照片上更帅，今晚穿什么衣服比较合适……还没想清楚呢，小S发过来一条微信说："小Z，你没答应那个大叔去见面吧？真的太危险了。"

"没啊，我怎么会答应呢。"说完这句话，小Z感到一丝愧疚，朋友担心自己，自己却撒谎，不过晚上回来一定会告诉小S实情的，自己会证明大叔是个好人的。

"你没答应就好，我今天早上一起床就看到我市一个学生，好像是隔壁学校的女生见网友时被网友劫财劫色了的新闻！"小Z一看不以为然："又是这种新闻，哎。"

"你看，网上放出了那个网友的照片，看着还挺帅，没想到人模狗样。"小S又发了一条信息过来，并把图片也发了过来。

小S一看图片，顿时冷汗浸湿后背，这个人长得那么像"大叔"，应该就是同一个人！

科学解密

网友，是互联网诞生发展后带来的一个衍生物，但见网友却遭遇不幸的事在新闻报道中屡见不鲜。如果小Z顺利地赴了大叔的约，她很可能就是下一个受害者。为什么我们会对一个素未谋面的网友放下戒心，并去见他们呢？

这是因为相比现实中的朋友，网上认识的朋友较为神秘——从来没有见过，不知外貌，不知家庭环境，不知彼此过去的经历，也就更容易相信某些故意编写的信息，陷入有心之人设置的圈套。此外，由于彼此在现实生活中没有联系，所以许多人可以安心地倾诉自己的烦恼而不必担心信息泄露，频繁的沟通则会对对方产生更深层的信任。在这种信任的前提下，便出现了许多见网友的事件。小Z在网上和"大叔"倾诉，对他产生了依赖和信任，于是决定与之见面。

许多人或许会像小Z一样，觉得在网上和网友相谈甚欢，因此想要见上一面。但是见网友是需要慎重考量的，因为你不知道这件事情会对自己产生怎样的影响。

1. 或许你会拥有一个现实中的好朋友

或许，恰巧你在网上认识的那个网友和你一样是个真诚的人，俩人恰巧又有共同话题，聊得来。那么，通过这次会面，你将会拥有一个志同道合的好朋友。但这种情况的概率不大，因为网络空间中，你永远也不知道和你聊天的是一条狗还是一只猫。

2. 有一定的经济和时间损耗

如果你和网友是同城的，或许可以找一个离双方都比较近的地方进行面谈，这样花费在交通上的时间和费用也较少。但如果一个是南方人，一个是北方人，想要相约见一面则是需要耗费许多钱财和时间、精力的。

3. 不能保证人身财产安全

如果和你见面的网友其实是一个骗子，他只是在交谈中投你所好，让你放松对他的警惕，等一见面，就可能骗走或抢走你的钱财，你的人身安全也得不到保障。

4. 或许你会大失所望

或许你们在网上聊得来，但换到现实生活中时，还能愉快地聊天吗？答案是不确定的。每个人在网上呈现的自己或许和现实中的自己都有一点差距。如果你对网友期待过高，见面却发现落差太大，你们之后还会在网上尽兴地聊天吗？

所以说，见网友需慎重，我们该如何应对见网友这件事情呢？大家可采取以下措施。

1. 网友，我们不约

在面对任何网友见面的请求时，最安全的做法就是——果断拒绝。这样就可以避免发生任何的意外，比如，钱财损失、人身安全受到威胁等。

2. 提高安全意识

如果你有想见网友一面的冲动，请提高安全意识，做好一切的防范措施，比如，由你选定见面的地方（一定要人多、治安好）、见面的时间（一定要是白天）。在见网友之前，请一定要告诉身边亲密的人，可在他们的陪同下去见网友，或者和他们一直保持联系，告知他们自己现在在做什么。

3. 学会决策

网友倾听我们的故事，帮助我们出谋划策，当他提出会面的请求时，可能你就不好意思拒绝。所以，只要我们学会恰当地拒绝他人的恩惠，那么我们就没有回报他人的义务了。不过其中的关键是要分清楚网友提出想要见一面，这是一个真诚的请求，还是一个有预谋的盘剥，如果把真诚合理的请求拒绝了，我们就不仅仅是不近情理，而且有可能关闭了和他人交往的大门。

而如果他人最初的提议是我们想要的，不妨接受它，同时意识到我们将来有责任回报他。但如果我们意识到对方最初给予的好处只不过是一个机关，一个预谋，那么我们就要提醒自己对方不是施恩人，而是一个牟利者。面对牟利者，我们的负债感是不是会减轻呢？

心理透视

当相识已久、相谈甚欢却从未见过面的网友向你发出"见一面"的邀请时，你会怎么做？你会不会像小Z一样，对于这位熟悉而又陌生的网友，有想见一面的冲动？这并不奇怪，因为这些熟悉的陌生人用以下这些策略迷惑了我们。

1. 人际期望理论的作用

人际期望理论发现人们会对他们在线交流的对象有过高的评价，会更加理想化。比如，在外貌这个方面，会美化对方的容颜；没有提供照片的双方进行互动时，会更加亲密。

也就是说，当你对和自己进行交谈的网友并不熟知时，极易对其产生过高的评价，从而认为他是可信的、可依赖的。

2. 自我呈现与印象管理

电脑或者手机另一端的网友在和我们交谈时，会根据你的喜好，仅仅呈现自我的部分信息，而这些信息也不一定全部真实。比如，网友在知道你喜欢电影讨厌运动之后，立马也说自己是电影发烧友，不会说他其实喜欢运动。我们根据这些信息，便可能夸大或美化对方的形象，从而在心理上增加对他们的可信度和亲近感。

在网络空间中，网友也可以充分利用印象管理策略，使用一些技巧来帮助自己树立良好的形象。比如，在交流中由于不受时间和空间的限制，对方可以充分思考过后再做出答复，我们也无法看到对方的非语言线索。所以说，网友自我表露的不一定和现实中的自己一样，我们对于网友的自我表露要有选择地相信。

3. 互惠效应的魔力

网友倾听你的故事，进而要求你和他见一面，你难以拒绝，这就属于"互惠效应"，即我们总觉得应该尽量以相同的方式回报别人为我们所做的一切。

在网络社交中，如果对方表现出对你很信任，主动示好和自我表露，那么在接下来的相处中，你会因为接收到这种示好进而影响你对对方的感情。你会尽量以相同的方式回报对方，这种理想化预期和选择性呈现以及互相回报使你们更加亲密，以及产生更多的自我表露。

4. 自我表露的深度

告诉另外一个人关于自己的信息，真诚地与他人分享，说出自己个人的、私密的想法和感觉，这一过程就是自我表露。

当我们在网上和刚刚认识的网友交流时，如果他们提出想要见一面的请求，我们当然不会答应他。但是，随着我们和他们认识的时间越长，交流的内容越多，也会更加熟悉他们，这时，如果他们提出见一面的请求，我们可能会考虑一下见面的可行性。

这是因为，在和网友不断的交流中，我们肯定会进行一定的自我表露，将自己的信息、想法等和对方分享，而对方为了有所回应，也会向我们讲述一些关于自己的事情，但我们无法确定对方讲述的事情是否是真实的。随着自我表露程度的加深，我们和网友之间的关系就越亲密，也就越有可能答应对方见一面的请求。

那么我们为何会对一个陌生人敞开心扉，进行自我表露呢？

我们都知道，网络社交的一个显著特点是匿名性。因为匿名，个体之间的交往不会被外貌和身份限制；因为匿名，个体之间不用担心自己的真实想法被嘲笑，不用担心是否会遭到家人和朋友的反对或是不喜欢；因为匿名，个体会放心地与之进行交谈，对于自己较少说出来的想法和感情也会以一种开放的姿态讲出来。除此之外，因为匿名，个体的自我展示也更加开放，更富感染力。青少年由于网络社交的这种匿名性，可以自由而没有心理负担地向一个网络中的陌生人尽情展示真实的自己。

发现新大陆

电影推介：《鲶鱼》（*Catfish*，2010）

这是一部纪录片，该片以纽约一个男摄影师尼夫的角度拍摄了一段他和"网友"安琪拉的故事：两人在脸书上互相联系并通了电话，后来尼夫和他的朋友发现事情有点儿蹊跷，谎言慢慢浮出水面。

事情起源于尼夫拍摄的一张刊登在了某杂志上的"芭蕾舞者"的照片。某天他突然收到一个名叫艾比的小女孩的包裹，里面是一幅画，内容正是他拍摄的照片，于是两人便互加了脸书。随后，艾比的妈妈安琪拉、姐姐梅根、父亲文森等其他一些亲戚都加了尼夫的脸书。这看起来就是幸福快乐的一家子，尼夫把他们称为"脸书家庭"。

尼夫和这一家子相处愉快，经常和安琪拉通电话或是发短信来交流艾比的画作或是像朋友一样聊天。不仅如此，尼夫还和梅根互生情愫，两个人常常发短信、打电话。不知不觉，就这样过去了8个月。直到有一天，尼夫发现梅根之前发给他的所有歌曲都是网络上的，并非她自己唱的，才恍然大悟，这可能是个巨大的骗局，他不确定和他聊天的到底是谁，甚至可能是个男人。

尼夫起初难以接受，但最后他还是决定听从朋友的劝说，亲自去安琪拉的家里查明真相。他敲开了安琪拉的家门，出现了一个偏胖的女士，自称安琪拉。然而照片里的安琪拉是苗条的。该女士一脸淡定地面对突然出现的尼夫，并邀请其进家里，给他介绍丈夫文森——一个和脸书上的文森完全不像的中年男人。接下来，该女士继续淡定地带尼夫参观她的家。尼夫虽然知道这都是假装的，但是他没有直接揭穿，他说："我不是想伤害她，我只是想知道真相。"

影片的最后，安琪拉终于说出真相，承认一切的一切都是她策划的，都是假的。她说道："隐约觉得会有拆穿的一天""说谎越来越难"，但纸终究是包不住火的。

网络社交是虚拟的，交友需谨慎，尤其是完全陌生的人。

第二节 钱包君,别走

TA 说

神秘男子"杨光"是谁?

13 岁少女缘何仅用两月时间就花光了父母所有积蓄?

父母究竟因何迟迟未能发现?

……

家住上海的孙女士在大年初三时,无意间打开了自己的网上钱包,却震惊地发现自己钱包中的 2 万元钱不翼而飞。孙女士起先以为是自己的手机遭遇到了黑客的攻击,被不法分子盗刷了,谁知竟发现自己与网上支付绑定的银行卡里辛辛苦苦挣到现在的 25 万元血汗钱也消失不见了。

孙女士立即查看了网上支付的明细,发现自己的钱从 2016 年 12 月 25 日开始通过网上支付的方式都转给了"××公司"。孙女士百思不得其解,她不明白自己的钱为什么在短短两月时间全部转给了××公司。这时,家中女儿的反常表现,引起了孙女士的怀疑,在孙女士及丈夫的询问下,女儿小卞这才说出了事情的真相。

原来小卞迷上了一位在一款唱歌软件中名为"杨光"的男主播,因此假借看作业之名(学校的作业都会发到家长的手机上)用孙女士的手机购买了大量的"K币"(一种网络货币)打赏给了这位男主播并在男主播的粉丝群中发了大量红包。

当被问及如何知晓母亲网上钱包的支付密码时,小卞说她知道

母亲手机的开机密码，所以就用开机密码试了试，没想到真的是支付密码。而当小卞打赏完男主播后，会将银行给母亲手机发送的支付短信删除掉，所以孙女士一直未发现。

在 2017 年 2 月 3 日，小卞及孙女士来到派出所报案，但是警方认为小卞的行为都是自愿的，并未构成诈骗，因此无法受理。幸得律师支着，小卞由于未成年，仍属于限制行为能力人，可做无效认定，以追回消失的 27 万元巨款。

你周围有这样的事情发生吗？

科学解密

13 岁少女花光父母 27 万积蓄打赏网络男主播，这并不是个案。河南男孩小天沉迷于网络直播，半月打赏 3 万余元；浙江丽水男孩小明打赏为其代玩游戏的 5 名主播，约花费 3 万元……

这类事件的频频发生，并不是偶然，主要是由以下原因造成的。

1. 网上直播的兴起

随着科技发展，各种 App（应用软件）的兴起，网络视频直播随势而起。网络直播在 2014 年前后出现井喷式发展，迅速火爆全国。

男主播杨光做的直播以唱歌为主，当然颜值也较高，小卞处于花季，对异性正处于懵懂的阶段，所以迷上会唱歌又长得帅的大哥哥，以为自己和他是朋友也不足为奇。但是，许多主播会直接向粉丝索要"K 币"，这种行为是可耻的。网络直播行业应该进行整顿，设定行业规范，也急需相关法律、法规的制约。

2. 未完成我心难耐

小卞每天都会给男主播杨光送"K币",是因为杨光每天做的直播内容是不一样的,小卞希望自己可以像追一直更新的电视剧一样追完杨光的直播。

为什么会出现这种现象呢?这是因为人们天生都有一种做事情有始有终的动力,即"完成欲望"。我们大脑对于未完成的事物,总会记忆深刻、难以放下,这就是心理学上的"蔡格尼克记忆效应"。

"蔡格尼克记忆效应"对于很多人来说,在一定程度上可以推动他们任务、工作的完成,但若把握不好度,极易使人陷入极端,从而完成不了工作。对于某些事情,我们可以半途而废,不用浪费时间和金钱在上面,比如通过每天送"K币"给男主播来获得他的关注。

小卞花费父母血汗钱打赏男主播给家庭造成了一定的经济损失,伤害了父母的感情。青少年网上交友时,除了观看网上直播这一形式,还有游戏中买装备、社交账号买会员升级等行为。这些行为造成的不良影响如下。

1. 钱财损失

青少年还处于学习阶段,并没有自己挣钱的能力,所以送直播礼物、买装备等行为所用的皆是父母的钱,如果青少年没有节制地使用,会如案例中的小卞一样给家庭造成严重的经济损失。

2. 耽误学业

青少年如若痴迷于这些行为,就没有足够的时间和精力学习知识,也可能会熬夜和游戏中的"兄弟"一起玩、买装备、升级。长期熬夜会对正在长身体的青少年造成一定的危害,从而影响学业。

3. 价值观的错位

青少年的人生观、世界观、价值观还未完全形成,极易受到网上直播中低俗、犯罪内容的影响,让青少年产生模仿的念头,误导青少年,

从而对青少年以后的事业观、职业观、人生追求产生潜移默化的恶劣影响。

作为青少年我们应该如何应对这些现象呢？

1. 加强自我约束

青少年在面对打赏网络主播、游戏买装备、会员账号升级等现象时，首先要确定自己是不是真的需要这些装备、升级等，自己是不是喜欢这些，做这些对自己有什么益处。同时，青少年需要加强自我约束，对那些即使自己再喜欢的事物也要适度地追求。比如你特别喜欢一个唱歌好听的主播，想要一直看他直播，这就是对于我们而言的诱惑源，我们需要通过远离手机、电脑等方式以避免自己深陷其中。

2. 远离不良网友

学会远离一直向你传播不良信息的网友、沉迷网络无法自拔的线上朋友。可以通过删除、拉入黑名单等方式断绝和他们的联系。

3. 增强判断力、分辨力

当我们在线上交友时，可能有些网友会引诱你去看直播、玩游戏，让你帮他买会员，这时，我们要意识到这些行为对我们是有害的。我们要学会分辨不良网友，不要轻信他人所言，被他人耍得团团转。在面对网上繁杂的推销信息时，我们要擦亮眼睛，判断自己是否需要这些东西，如果不需要就不要在上面消费。

心理透视

青少年在线上朋友圈为什么会有花费过多的金钱给网络主播送礼物、玩游戏时不停地买装备、会员一定要升级等行为呢？

1. 已付出收不回

当我们玩一个好玩的网络游戏时，为了一个终极目标——打败"大boss"，不停地努力，因此我们付出了大量的时间和精力，但是有一天，当我们打到某一关，实在打不过去了，这时候有个方法，你可以花钱买一个装备来通过这关，那么你的选择是什么呢？

有极大的可能你会选择买下这个游戏装备从而打到下一关，当你下回遇到这个问题时，你可能也会做同样的选择，时间久了，你会发现每次买的装备越来越多，花费的钱也越来越多，但是，你离终极目标也只差几步了。这时，你仍然需要一定的钱来买装备，才有机会和队友一起打败"大boss"。如果你放弃玩这个游戏，你之前付出的一切，时间、精力、金钱……都会作废，而你继续买装备的话就会使你花费更多的钱在游戏上，你可能已经承担不起了。

你是选择就此放弃还是狠狠心、咬咬牙继续花钱买装备呢？

已经付出的时间、精力、金钱，是你已经付出的不能收回的支出，这就是"沉没成本"。为了使沉没成本能够发挥它应有的价值，你可能会做出继续玩的选择，这就是我们在网游中和其他玩家一起玩时不断地买装备的原因之一。

所以，我们应该在买装备的路上及时止住自己的步伐，就算沉没了很多成本，我们也要及时刹闸，否则花费的成本就更多了。

2. 需求决定行为

当你在直播中，送给主播各种礼物，主播做出感动的样子，不停地夸赞你，而直播间的其他人也在屏幕上不停地刷"壕无人性""威武霸气"等弹幕时，你是不是感觉自己很舒服、很自傲？

当你在游戏中，充钱买各种装备，可以在队友面前展示自己的新装备、新衣服时，可以比没买装备的玩家更容易赢得比赛、更容易通关、更容易做到全服第一时，你是不是感觉自己很得意、很厉害？

你在直播和游戏中花钱并持续花钱的行为，都是因为你有某种需求。这种需求是你在现实中很少得到或很想要得到的，而送主播礼物和在游戏中充钱，恰好可以作为替代品补偿性地满足你的需求。这种需求具体是什么，因人而异，有可能是获取他人关注的需求，有可能是获取成就感的需求等，但一般来说，都是精神层面的需求，即较高层次的需求。

作为青少年，我们也可以理性地思考一下，我们的需求究竟是什么，它在现实生活中很难得到吗，有没有什么办法可以在现实中获得。如果这种需求单靠自己很难获得，那么可以寻求朋友、老师、父母等的帮助。

3. 买了花就要买花瓶

如果一个人买了一个空的鸟笼放在自己家的客厅里，没过多久他就会丢掉这个鸟笼，或者买一只鸟养在笼子里，这就是"鸟笼效应"。就比方说，你有了一个漂亮的文具盒，你就会买各种笔、橡皮、尺子等文具放到你的文具盒里。不然的话，有人看到这个漂亮的文具盒就会问你："你的文具盒这么好看，为什么里面什么都没有啊？"可能一开始你还会解释一次两次，但是次数多了，你就会不耐烦了，即使没有人问你这个问题，你每天看到一个漂亮的文具盒在手边，难道就不想在它里面装点东西吗？这就是鸟笼效应给人带来的心理压力。

案例中的小卞在一开始为主播送"K币"时，就逐渐走到鸟笼效应的陷阱里了，在给主播送了"K币"后，接下来可能就会送"游艇""鲜花""飞机"等礼物了，这就是促使青少年在面对网络主播时，禁不住一步一步花钱送礼物的原因之一。

我们要明白，从一开始就杜绝这种现象，日后才不会造成更大的损失。

发现新大陆

当小王子来到地球上的玫瑰园时，发现自己精心照顾的玫瑰花，并不是如玫瑰花所说的她是独一无二的，于是，小王子很伤心。

这时，来了一只狐狸。

"你好。"狐狸说。

"你好。"小王子有礼貌地回答道，但当他转过身来时，却什么也没看见。

"我在这儿，在苹果树下。"

"你是谁啊？"小王子抬头看向苹果树那里，说道，"你好漂亮。"

"我是一只狐狸。"狐狸说道。

"来和我玩吧，"小王子建议道："我很苦恼……"

"我不能和你玩。"狐狸说，"我还没有被驯服呢。"

"啊，真对不起。"小王子不好意思地说道。

小王子思考了一会儿，问道："什么叫'驯服'呢？"

"这是早就被人遗忘的事情，"狐狸说，"它的意思是'建立联系'。"

"建立联系？"

"对，"狐狸说，"对我来说，你只是一个小男孩，就像其他小男孩一样。我不需要你，你也用不着我。对你来说，我不过是一只狐狸，和其他狐狸一样。但如果你驯服了我，我们就互相不可缺少了。对我来说，你就是世界上唯一的了；我对你来说，也是世界上唯一的了。"

"我明白了。"小王子说，"有一朵花……我想，她把我驯服了……"

"正是因为你为你的玫瑰花费了无数时光，这才使你的玫瑰变得如此重要。"在小王子最后离开时，狐狸说道。

这是法国作家安托万·德·圣·埃克苏佩里所著的《小王子》的片段，这本书中的人事物充满了象征含义，这些象征既隐晦又直白，因此不仅适合儿童阅读，也给成人带来一些思考。

好比狐狸所说的，在小王子驯服它之前，他们两个是互不相干的，只有当小王子驯服了它，他们相对于彼此就是独一无二的了。这其中蕴含的就是"沉没成本效应"。你对另一个人付出的关心、照顾，你和他相处的故去的时光是已付出的、无法回收的成本支出。

第三节　你的隐私安全吗

TA说

2016年6月5日美国科技网站CNET报道，美国社交网站脸书创始人扎克伯格的社交网络账号被盗。原来黑客组织入侵了他的推特和Pinterest账户，但是并没有披露任何有损于他的信息，只是在推特网站上公布了其账户被黑的事实，而这无疑是对扎克伯格的一种挑衅。

整个事件是怎么发生的呢？2012年，黑客从职业社交网络领英（LinkedIn）窃取了1.17亿个电子邮件账户和密码，2016年这些账户和密码在黑市上被进行了交易，其中就包括扎克伯格的账户和密码。不过，难以置信的是，扎克伯格的密码是很简单的"dadada"，没有大写字母、数字和其他符号，并不比"12345"安全多少，黑客只需要不到25秒的时间就可以破解。而更要命的是，扎克伯格还将这个密码用到了推特和Pinterest账户中。所以，黑客很轻易地获得了扎克伯格其他社交网站的账户密码，才有了在其推特上叫嚣的事件。

科学解密

我们生活在一个社交网络集体爆发的时代，其优点受到人们青睐，传播信息快、范围覆盖广、分享率大等，但是如案例所述，问题也随之而来：个人信息泄露、隐私被曝、网络欺骗等等，而这些后果都要由我们自己来承担。学生作为社交媒体使用规模较大的一个主要群体，社交网络在我们生活中的作用超乎我们想象，所以我们使用社交网络时要有保护隐私的意识，同时练就一双火眼金睛，识别身边的陷阱、漏洞，减少个人信息泄露的可能性。

不法分子是怎么窃取我们的信息的呢？

一、隐私的泄露途径

①通过传播各种病毒获取个人信息；

②运用先进技术，比如数据分析、数据过滤、数据挖掘等技术获取个人兴趣爱好、价值取向、购物习惯等信息；

③分析位置信息，获取用户行动轨迹；

④分析用户在线社交关系以获取个人社会关系。

一些非法个人或组织为牟取暴利，会通过上述各种形式诱导、窃取用户的个人隐私，然后进行提取、分析和加工，最后再贩卖或者非法使用。

这些隐私信息的泄露可能会给我们带来哪些危害呢？

二、隐私泄露的危害

1. 使个人受到骚扰

比如当我们的邮箱或者手机号泄露时，我们就会收到各种广告邮件、短信和电话；社交账号被盗时，盗号者可能会借用我们的账号发一些不良信息，使我们及我们的朋友受到骚扰。

2. 使亲友受骗

当我们的隐私信息泄露时，会加强骗子的可信度，同时使亲友的分辨力下降，所以很多不法分子会设计一系列骗局，骗取亲友财产，甚至对其造成心理伤害。比如，盗号者可能以我们的名义给我们的好友发送

消息，实施经济诈骗。

3. 导致经济损失

当我们的手机号、银行账号或者购物账号泄露时，就会让骗子有机可乘，我们就可能遭受经济损失。比如2016年准大学生学费被骗猝死的新闻，虽然她的手机号不是通过社交网络泄露的，但是通过我们的社交网络泄露手机号还是很容易的。

4. 使自身安全受到威胁

一些家庭住址、个人收入、地理位置等个人信息通过社交网站或者其他渠道被泄露，可能为一些不法分子进行打击报复、抢劫、绑架、敲诈、勒索甚至故意伤害、故意杀人等犯罪行为提供便利。

三、如何防范隐私泄露

为了保护自己的隐私安全，除了国家完善法律法规、社交网站本身设置更多规则、及时填补漏洞、提升技术等，从我们用户自身来说，怎么防范呢？

1. 不轻易填写个人真实信息

注册时不要暴露过多的个人信息，了解清楚再填写；也不要为了做测试或网上调查、申请会员、抽奖等轻易填写个人信息；在注册时把自己的隐私安全级别设定为最高安全等级。

2. 安装正版杀毒软件、不轻易安装插件

首先要安装正版杀毒软件并及时升级，其次不要访问非法网络地址，再次不要贸然下载和运行不清楚的程序以防止感染病毒。

3. 设置安全级别高的密码

账号密码设置不能过于简单，比如密码和账号、生日、身份证号相同等，应增加密码长度和复杂度，比如设置字母、数字、符号的组合等。此外，避免多个社交账号使用同一密码。如果个人能力允许的话，可以定期修改密码。

4. 及时清理痕迹

我们要及时清理有关社交网络操作的痕迹，比如有的社交网站会自

动把用户的账号密码、使用习惯等记录下来，以方便下次直接使用或者提高使用效率，但是同时也带来了泄露信息的风险，所以在他人设备尤其是陌生人的设备登录网站后要及时清除相关痕迹。

5. 公共 Wi-Fi 不轻易连接

有的公共 Wi-Fi 安全防护功能比较低，黑客只需使用一些简单设备就可以盗取 Wi-Fi 上任何用户名和密码，甚至一些 Wi-Fi 就是为了盗取用户信息而设置的。

6. 谨慎发表状态

在微博等开放性较高的社交网络要尽可能避免透露或标注真实身份信息；在朋友圈晒照片时，尽量不晒包含个人信息的照片，晒火车票、登机牌等要模糊处理个人信息部分，设置分组来分享照片，隐私的图片要对公开权限做设定。

心理透视

在社交媒体的使用过程中，保护我们的隐私显然是必要的，那么为什么我们的隐私会泄露呢？除了好奇心、贪小便宜等等心理之外，隐私泄露最主要的心理原因就是我们有自我表露的需要。

一、自我表露的作用

1. 提高自我认识

自我表露不仅仅是对自己信息的展示，在与他人的交流过程中，我们也可以获得他人对自己的反馈和建议，对自己产生正确的认识，全面了解自己。

2. 促进与他人关系的建立和发展

在最初建立人际关系时，适当的自我表露能够使我们快速对对方形成初步认识，打破原有的人际距离。而随着人际交往的深入，通过自我表露彼此交换意见和想法，更加深入地了解对方，同伴间的亲密感会得到增强。

3. 维护个体身心健康

自我表露有利于个体建立和发展良好的关系，从而体验到一定的幸福感，以更好地维护身心健康。自我表露在心理咨询与治疗中尤其重要，不仅有利于咨询师和来访者建立良好的关系，还能通过鼓励来访者进行自我表露来进行自我探索，激发自身潜力，实现自我成长。

与传统自我表露一样，网络自我表露也具有这些作用。网络自我表露是指当处于网络情境中，个体与他人沟通时，谈起涉及自身真实信息的过程。但是由于网络环境的特殊性，比如网络的匿名性、视觉线索缺失、去个性化，使得网络自我表露在数量、深度上都可能不同于现实自我表露，但是其同样有维护个体身心健康的作用。

二、自我表露的影响因素

无论是现实生活中的自我表露还是网络中的自我表露都会受到多种因素影响。

1. 人口学因素

人口学因素的影响主要体现在性别和年龄上。

研究发现，女性自我表露的意愿高于男性，在网络自我表露中也是如此，尤其是在外貌形象的自我表露上，女生更喜欢发自拍。

自我表露在不同的年龄段也不同，其发展有急有缓，初一到初二、高一到高二发展比较缓慢，而初二到高一是一个转折的关键期，自我表露快速发展。研究发现，15岁是个体网络自我表露发展的重要时期，这个时期青少年倾向于在网络上交流私密信息，并认为在网络上表露私密信息比线下交流更有意义。17~30岁，网络自我表露大幅下降并趋于平稳，这种平稳能维持10年左右。40岁之后，女性继续呈现小幅下降，而男性则相对平稳甚至较之前略微上升。

2. 环境因素

首先社会环境因素会影响自我表露，在崇尚个人主义的国家，人们追求自由奔放，更勇于表达自己；而在崇尚集体主义的国家，注重含蓄内敛，人们受缚于他人的眼光和评价，自我表露更为拘谨。集体主义背景下的个体注重信息的分享和人情的礼尚往来，而个人主义背景下的个体更愿意通过网络展示自身的独特性。

网络环境也会影响自我表露，这也就是上文所说的网络自我表露和现实自我表露存在差异。有研究者认为，个体在网络中表露的自我更接近真实的自我，而对于生长在网络时代的青少年来说，网络的匿名性、虚拟性、便捷性、间接性是网络成为青少年自我表露的自由场所，也成为人际沟通、满足心理需求的重要渠道。也有研究发现，当个体想表达的情感违背了社会道德标准时，更可能在网络上而不是现实中表露自我。

3. 心理因素

心理学研究发现，自我意识、自尊水平、人格特质等心理因素会影响自我表露。

比如：自我意识水平高的个体对自我的认识更准确、更详细，自我表露的素材也就更丰富；外向的个体更容易与同伴交流自己的兴趣爱好、学习情况以及情感体验；倾听者的人格特质，比如真诚、尊重会促进表露者的自我表露；高自尊的个体比低自尊的个体用更多的语言在网络空间里描述自己。

关于孤独感与自我表露的研究并未达到一致。有研究发现，个体孤独感越高，自我表露的内容越少，表露的假信息则更多。也有研究者发现，网络自我表露会降低青少年的孤独感。

信任和自我表露是相互影响、相互促进的关系，随着信任度的提高，自我表露的深度和广度不断增加，而这又进一步提高了对对方的信任。

发现新大陆

你有没有注意到在你的朋友圈里有一些人发的内容其实是谣言，而这种谣言又很快会被另一个人转发？这种情况在我们父母身上比较常见，比如养生、寻人启事、揭秘各种内幕等等，我们也会被一些谣言欺骗，比如"电脑旁边摆放仙人掌等绿色植物可以吸收辐射""指甲上的月牙

是健康晴雨表"等等。为什么我们的朋友圈会成为传播谣言的场所和重灾区呢？

1. 把关人缺位

科学家认为群体信息的传播需要一些把关人来筛选出符合社会价值和真实性的消息，但是社交媒体是不存在这样的把关人的，任何人都能通过社交媒体发布信息，信息的真假人们完全是不知道的。

2. 恐慌心理

当我们一直以来关注的东西比如健康有了新进展，我们就会过分关注或者过度反应，这是谣言导致恐慌心理的典型表现。QQ空间和微信朋友圈其实是半封闭的社交群体，我们看到的动态基本都是认识的人发布的，这在一定程度上会降低我们去分辨这个消息真伪的动力。此外，作为学生，我们现在知识有限，社会阅历也较少，所以缺乏对谣言的分辨力。还有一些人因为文化水平不高，无法分辨谣言真假，更容易相信并传播谣言。

3. 含隐喻内容和陈述性数据

其实，谣言有一个特点，其内容含有各种难以发觉的隐喻，而且会有很具体的数据描述。比如"不要再买这个菜了！因为它100%致癌""方便面食用后32小时不消化"这两个谣言隐喻了我们非常关注的问题——健康、死亡，而且在数据上也很具体："100%""32小时"。一看到致癌、不消化等字眼以及这些很具体的数字，我们很容易迅速相信这个谣言，并产生一种恐慌心理。很多情况下，这些谣言还利用了我们对家人、朋友的关心，使我们产生类似的恐慌感。

所以，再看到类似信息时，我们可以仔细地审查一下这些信息是否科学、是否已有研究证实、是否在文字表述上利用了我们的恐慌心理。

第八章 朋友圈通关之路

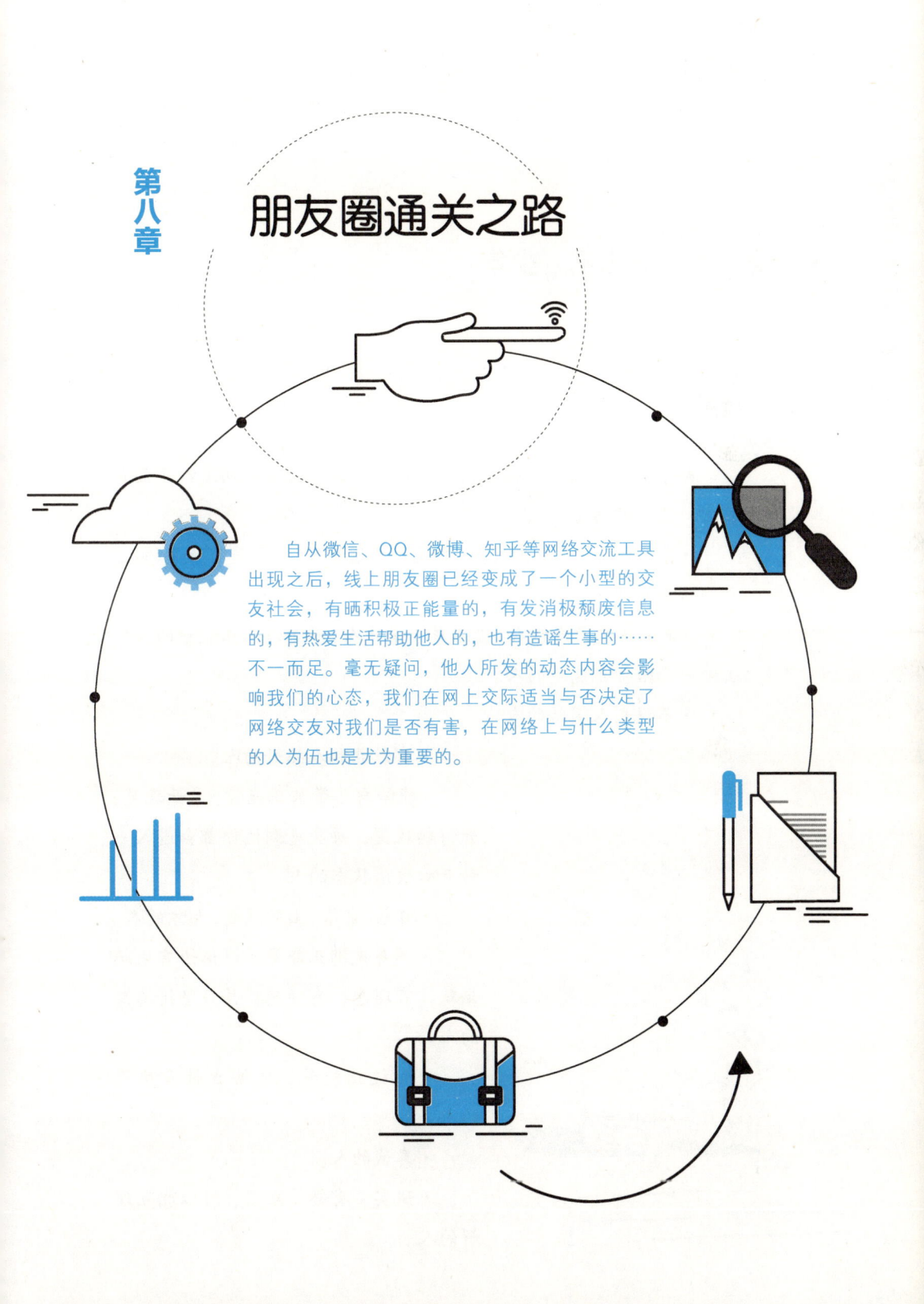

自从微信、QQ、微博、知乎等网络交流工具出现之后，线上朋友圈已经变成了一个小型的交友社会，有晒积极正能量的，有发消极颓废信息的，有热爱生活帮助他人的，也有造谣生事的……不一而足。毫无疑问，他人所发的动态内容会影响我们的心态，我们在网上交际适当与否决定了网络交友对我们是否有害，在网络上与什么类型的人为伍也是尤为重要的。

第一节 向上吧，少年

TA说

知乎上有这么一个帖子，你喜欢和什么样的人交朋友？下面是其中一些人的回答：

- 喜欢和两种人交朋友，一种是有意思的人，一种是有故事的人。
- 快乐的人。
- 未来不属于有钱人，更不属于没钱人，而是属于正能量的人！去爱一个给你正能量的人。
- 不说别人闲话的人。
- 有教养和人品好的人。
- 能给自己带来正能量，爱开玩笑，开得起玩笑，每次见到他你都会进入一种开心快乐状态的人。
- 阳光、自信、幽默风趣、大方的人。
- 浑身充满正能量，说话语言风趣幽默，有理想，有梦想，并且坚持不懈的人。
- 积极正能量，能给我带来快乐的人。
- 真诚的人。
- 诚实、有趣、幽默、可以相互理解的人。

心理学家发现最受人们喜欢的人格品质是真诚，其次是诚实。在这些回答中，我们看到了真诚、诚实、快乐、正能量都是受欢迎的人格特征。

科学解密

什么是正能量呢？"正能量"的流行源于英国一个心理学家的专著《正能量》，现在人们将所有积极向上的、催人奋进的、给人力量的、充满希望的人和事都界定为"正能量"；与之相反，"负能量"指那些消极的、能迅速使人心情低落、让人消沉的人和事。你更喜欢和什么样的人交朋友？你又是什么样的人呢？

根据人们在线上朋友圈中大多数时候的状态，我们的朋友可以分为正能量与负能量两类，与不同类型的人交往会对我们产生不同的影响。

与负能量的人交往：负能量的人在线上聊天时总是在抱怨、总是在找身边人的缺点、一味倒苦水却不听劝告，总是发表消极的状态，好像全世界他最惨。他们囿于现状，又不愿做出改变，认为改变后会更糟。这类人的言语中散发着悲观、绝望、迷茫，长期与这种状态的人交往，我们可能会在生活中发现更多不如意，以前未留意的不足也变成了不幸，久而久之，便习惯以悲观消极的态度生活，对未来失去信心。

与正能量的人交往：正能量的人在线上聊天时会赞美、感恩、分享好心情、鼓励他人，喜欢发表积极向上的状态，

即使面对不幸也会给自己鼓劲加油,对未来充满期待。比如,在朋友圈中,同样一件事,负能量的人会鞭笞别人的不好、责骂社会不公,正能量的人则会表示即使再苦,我仍然可以通过努力改善。

和正能量的人交往时,我们会被他们感染,在生活中发现更多美好、幸运的事情;当我们遇到困难时,我们会得到鼓励,会更有力气做自己的事情,会慢慢找出破解之法;当我们感到不幸时,他们能中和我们的负能量,给我们带来快乐,让我们重新对生活燃起希望。久而久之,我们会变得更乐观、更积极。

你更喜欢和哪种人做朋友呢?或许大多数人的选择都是后者。所以在线上交际中,我们自己应该如何做呢?

一、线上的信息传递

1. 意识到正能量的重要性

如上所述,我们更喜欢给我们带来快乐、正能量的人,同样,别人也喜欢能给他们带来正能量的人,所以,我们需要保持正能量的心态并传播正能量,试着做一个积极向上的正能量少年。在线上朋友圈中,我们可以学着去赞美他人、赞美自然,并对他们感恩,发表分享一些自己生活中积极的事情,比如遇到了什么开心的事,最近发现了什么好东西,完成了什么目标,等等。

2. 适度负能量

避免总是发表和传递负能量的东西是不言而喻的,但是,适度的负能量也是允许的。首先,金无足赤,人无完人,有时候我们暴露一些自己的小缺点,偶尔流露下负面情绪,这样会给大家更真实的感觉,也更容易让人亲近。其次,线上交际的一个重要功能就是分享我们的喜悦和悲伤,所以我们可以利用这个功能在宣泄情绪的同时得到朋友们的安慰。那这个适度怎么把握呢?标准就是在宣泄的同时不会给他人带来困扰,不会引起他人的反感。

当我们和正能量的朋友交流时,我们会不由自主地亲近他们,但是当我们遇到满是负能量的人,或者是我们的朋友在某个时间段处于负能量的状态时，我们应该怎么处理呢？

1. 给予理解

当一个人处于某种负性情绪中，比如生气、愤怒、焦虑时，通常首先需要的是理解和倾听，而不是不顾其情绪的说教，也许他心里知道怎么做呢。

2. 帮助改变视角

负能量的人可能暂时无法发现自己的优点，我们可以尝试寻找其优点并加以赞扬。一开始他们可能会惊讶、否认，但是内心感受会好很多，久而久之，他们对自己的负面认识可能会减少。其次，当他们处于负能量的状态时，只能看到不幸，看不到美好，这个时候我们可以帮助他们看到自己积极的一面，也许会好很多。

3. 转移注意力

当一个人处于负能量的状态无法自拔，我们又无法打开其心结时，不妨转移一下他的注意力，转向一个更轻松的话题，也许之后他自己再回过头来看可能也觉得没有那么严重。

如果他本身就是一个充满负能量的人，有非常顽固的观点，且总能找到足够的理由来支持他的观点，我们找不到有效方法，变得精疲力竭，这个时候不要再争论，给出你的意见就好。

希望你是一个正能量的人，并将你的正能量传播到线上朋友圈里，为更多的人带来正能量；也希望你能不受负能量的人的影响，如果可以的话，帮助负能量的人摆脱负能量。

心理透视

说到正能量，就不得不说到积极心理学。正能量是一种积极健康、乐观向上的动力和情感，它是从积极心理学中发展而来的，一切与正能量有关的事物几乎都归属于积极心理学。那么什么是积极心理学呢？

积极心理学是一门从愉悦和幸福等方面展开论述，并诠释如何让生活变得更加美好的一门科学。其创始人希望人们通过学习这门心理学变得更幸福、更充实，能有良好的人际关系，能用积极的态度看待和处理生活、学习中的问题，能发展一些突出优势来对抗缺点及人生的挫折和不幸。

一、线上朋友圈中的积极心理学

积极心理学的研究内容有哪些呢？体现到我们线上朋友圈里的又有哪些？

1. 积极的情绪体验

比如幸福感、快乐、爱等积极情绪体验是积极心理学的主要研究内容之一。扩展到线上人际交往中，我们会在与朋友的线上聊天中体会到快乐、幸福、愉悦，也会把这些相关的情绪体验发表到朋友圈的动态上来与大家分享。

2. 积极的人格特质

积极心理学提出了24种积极的人格特质，我们每个人都拥有其中几种突出的优势，这些优势会帮助我们在生活中采取更有效的应对策略。这些积极的人格特质也会在我们的线上人际交往及线上朋友圈动态中体现出来，比如好奇心、对世界的兴趣、爱与被爱、对美和卓越的欣赏、乐观、幽默、热情，等等。

3. 积极的社会环境

积极心理学认为人及其经验是在环境中得到体现的，这种环境当然也包括我们的线上社交媒体的环境、线上人际关系等等，这些会影响我们的行为表现，而我们对线上社交环境良好的适应性也是一种积极的心理品质。

所以说，若能合理地将积极心理学运用于线上朋友圈中，会对我们的人际关系质量、幸福感水平有很大的提高。

二、积极心理的重要表现——乐观

积极心理会产生正向的心理能量，消极心理会产生负向的心理能量。积极心理有很多，接下来就简单介绍其中一种积极心理——乐观。

1. 时间维度

从时间维度上来说，悲观的人认为不幸是永久的，将其归因到人格特质上，会使用"永远""从来""总是"等字眼，比如"你从来不跟我交流"；乐观的人认为不幸是暂时的，将其视为偶发事件，会使用"有的时候""最近"等字眼，比如"最近，你没怎么跟我聊天"。而对好事的看法则相反，乐观的人认为其是永久的，将其归因为自己的人格特质或者是能力，比如"我一向运气很好"；悲观的人认为其是暂时的，将其归因为努力或者某刻的情绪，比如"今天我比较幸运"。

面对挫折、失败，我们都会感到无助，但乐观的人的无助会很快消失，悲观的人则会痛苦很久，甚至无法恢复正常。面对好事，乐观的人会在成功后更加努力，悲观的人则认为成功是侥幸，成功后可能会放弃。

2. 空间维度

悲观的人认为不幸是普遍的，一件事失败，生活中的每一部分就都是失败的，比如"所有人都在嘲笑我这张照片"；乐观的人认为不幸是特定的，仅是生活中的一小部分失败了，不会将其全面化，比如"个别评论的人在取笑我的糗态"。面对好事，乐观的人认为好事会普及其做的每一件事，比如"我很棒"；悲观的人认为好事只在特定条件下才会发生，比如"我的同桌认为我很棒"。

"普遍性"看法将使悲观的人把无助带到生活的各个层面；"特定的"看法会让乐观的人把无助仅定义在某件事情上，其他部分将继续前进。

发现新大陆

你听过哈佛大学的幸福课吗？你知道哈佛大学有一个已经持续几十年的幸福研究吗？2015 年，这个研究项目的第四任负责人——Robert Waldinger 发表了 Ted 演讲，介绍了部分研究成果。

该研究起初希望致力于探究正常人是如何幸福生活的，于是召集了一支跨越医药学、生理学、人类学、精神病学、心理学和社会工作的研究团队，对 724 名青少年进行追踪直至老年，定期调查他们的工作、生活及健康情况。直至 Robert 发表演讲前，最早参加研究的 724 名青少年中，大约有 60 位还在世（有一位曾经成为美国总统），他们绝大多数都已经超过 90 岁，并继续参与这项研究，现在总数超过 2000 的孩子们也开始参与进来。

Robert 指出，从这项研究中得到的最清晰的结果是：良好的关系让我们更快乐、更健康。关于关系，他提到了三条：

①社会联结真的对我们有益，而孤独却有害。

②起决定作用的不是你拥有的朋友的数量，不是你是否在一段稳定的亲密关系中，而是你的亲密关系的质量。

③关系对我们健康的影响：良好的关系不只是保护我们的身体，也能保护我们的大脑。

哈佛大学这个贯穿几十年的纵向研究也启示我们，良好的关系是多么重要，无论是线上还是线下，能够与社会联结起来对我们的大脑、幸福感都是有益的；我们的粉丝数、好友数并不重要，重要的是我们能不能与其中的某个或者某几个维持高质量的关系。

这对你的线上或者线下交际有没有什么启发呢？如果对幸福这个话题感兴趣的话，可以在微博上搜一下这个演讲，或者进一步看一下哈佛大学的公开课：幸福课。这里提供一个已添加了中文翻译的网址，共 23 集：http://open.163.com/special/sp/positivepsychology.html。

请相信，你的下一站就是幸福！

第二节 优秀者的成长之路

TA 说

小 A 在刷朋友圈时，发现自己的一些朋友经常发这样的动态："Better late than never，第 50 天，5000 字，×× 阅读""精读英文外刊第 10 天""我已经在百词斩上坚持了 40 天，今日过招 50 个单词"。小 A 心想：咦，他们最近每天都会发这个，貌似是一个英语学习软件，看着还不错，我也下载这个软件体验一下。嗯，这个软件还不错，可以巩固一下所学的单词，比我单独默写效率要更高一些，还可以根据能力制订自己的计划，定时复习学习效果也要好一些，而且每天在朋友圈里发一下既有成就感，坚持下去的可能性也更大一些。

之后，因为小 A 每天都会发朋友圈，她的一些朋友看到了，也开始试着体验。小 A 发现其中一些朋友已经坚持了十几天，就和这些朋友交流了一下，还建了一个学习群，大家每天在群里打卡，有问题还可以讨论，有好的学习资源和学习方法也可以在群里分享。这样，大家互相监督，共同成长，小 A 发现坚持一学期下来，自己的英语成绩明显提高了，而且也学习到了一些比较好的学习方法，收获非常大。

科学解密

通过社交媒体发现一些志同道合的朋友，然后向他们看齐，获取知识，提高能力，让自己变得更积极、更优秀的例子很多，当然也有一些反面例子，比如通过社交媒体交了一些不太好的朋友，或者关注了一些不太好的公众号或者博主，然后自己的人生观、世界观、价值观也潜移默化地受到了一些负面影响。

一、心理发展的影响因素

前面的案例体现了环境对我们的影响。科学家们一直在研究到底什么会影响我们的人格、性格、成就等心理发展，目前得到人们广泛认同的是我们的发展会受到以下因素影响。

1. 生物遗传

遗传因素比如基因在一定程度上会影响我们的发展，所以有的婴儿比较活泼，有的比较内向；有的孩子比较聪明，有的孩子就比较普通。反映到我们的朋友圈中，可以发现有的人比较爱发朋友圈，有的不太爱发；有的喜欢发比较积极的东西，有的人喜欢发比较消极的东西等。不过遗传只能在一定程度上影响我们的发展，比如人格、是否优秀等，在出生后遗传因素就会与环境因素一起影响我们各方面的发展。

2. 家庭环境

我们出生后接触的第一个环境就是家庭，所以父母的教养方式会影响我们的性格、意志力、自尊、自信等等各种心理发展。体现到线上朋友圈里就是一些人可能在评论时更容易赞美他人，有的人则更容易批判他人等；一些人更喜欢发一些聚会的动态，而一些人更喜欢自己一个人待着，较少发合照。

3. 学校环境

学校环境对我们的心理发展也会有较大的影响，而学校里最重要的一个角色就是同伴。心理学研究发现，同伴对我们的发展有很大影响，从线上朋友圈来说，同伴们发的状态会影响我们对世界的认知，会让我们无意中向他们看齐，会无意识地影响我们价值观的形成等。

4. 社会文化环境

虽然作为一名学生，我们并未完全进入社会，但是随着科学技术的发展，我们也越来越多地通过网络了解社会、接触社会。我们会使用微博、知乎、贴吧等应用软件接触到各种各样的人，看到各种新闻、各种水平的文章。我们的价值观处于形成的重要阶段，而这些人、这些新闻、这些文章都有其自己的价值观，所以我们所接触的这些也会影响我们的价值观。

遗传为我们提供了发展的可能性，而环境尤其是教育让这种可能性转变为现实，我们接触不同的人、不同的圈子，会受到不同的影响，影响我们的价值观，影响我们能否变得更优秀。所以孟母为了给孟子找到好的学习环境屡次搬家，才有了"孟母三迁"的故事。那么，从线上朋友圈来说，我们也需要仔细观察我们的线上朋友圈，思考一下它可能会给我们带来什么样的影响。

二、我们的线上朋友圈是怎样的

线上朋友圈里一部分人经常发表积极言论，促使我们共同成长；一部分人颓废，永远抱怨，让我们心情瞬间低落；最多也是最常见的一类就是介于以上二者中间，有时积极，有时偶尔吐槽两句。

如果你的朋友圈里都是比较积极的人的话，他们平常晒的可能就是一些积极的东西，比如说，最近看了哪本书有什么感想；今天在百词斩上背了多少单词；今天又掌握了一个新的解题方法；今天看到了美丽的景色有什么体会等。如果你的朋友圈里有人经常发一些毫无根据的谣言、中伤他人的言论，或者不太健康的文章和视频，这时候就要考虑一下这个人是否会影响你了。

三、我们应该怎么做

你的线上朋友圈里是哪些人呢？是充满正能量的人、帮助我们成长的朋友，还是抑制我们成长的人呢？你所关注的动态、新闻、文章又是哪类呢？这些动态是否对你有潜移默化、你从未意识到的影响呢？了解到你的朋友圈的基本状况后，我们也知道了与优秀的人为伍，我们就会变得更优秀，那么我们应该怎么对待我们的线上朋友圈以使自己受到更多积极的影响呢？

首先识别出我们朋友圈的正能量和不良信息，然后仔细清理筛选，该屏蔽的屏蔽，该取消关注的取消关注，该拉黑的拉黑，该学习的设为特别关注，向那些能促进我们成长的人靠拢，共同成长为一个优秀的人。

心理透视

古人云，"近朱者赤，近墨者黑"，当然也有"出淤泥而不染"的说法。事实上，科学家发现，我们接触不同的人是会受到一定影响的，只是每个人受影响的程度不同罢了，线上朋友圈亦是如此。那么，我们为什么会受到其他人的影响呢？

1. 从众

很多时候，我们是为了和身边的人或者朋友圈里的人保持一致，才去关注某些事物、做某件事或者接受某种观点。比如我们的线上朋友圈里在某个时期会有某种潮流，使用某句流行语、晒运动量、关注世界杯、关注某个偶像团体等等，我们也会了解相关信息并使用。尤其是当我们的社交媒体里的某个权威发表某种言论时，我们更容易跟风。在这些从众的行为背后，我们可能会无意识地受到他人价值观的影响。关于从众，第五章第三节已有详细讲解。

2. 暗示

我们会不自觉地接受暗示并且做出行为反应的心理现象就叫作"暗示效应"，几乎每个人都或多或少地会受暗示效应的影响。比如，教师关注某个学生，会给其自己很优秀的暗示，因此会出现"期望效应"；而班主任在班里公开表扬好的行为，这对其他同学来说也是一种暗示。暗示是一把双刃剑，它可以引导我们向好的方向发展，也可能把我们推向深渊，这取决于我们接收到什么样的暗示，以及我们自身如何把握并运用这些暗示的含义。

扩展到线上朋友圈，一些人积极的心态，比如热情、鼓励、赞许，对我们表示支持等，对我们来说是一种积极暗示，会使我们感到温暖、充满力量。相反，一些人表现出冷淡、愤懑不平、退缩、萎靡不振等消极心态，对我们来说可能是一种消极暗示，会瞬间破坏我们的好心情，长此以往，会影响我们的价值观，让我们感到莫名的烦躁，产生一定的心理压力。所以我们在朋友圈里需要注意自己是否有受到他人的暗示，如果有，是否对自己产生影响。我们要尽量做到接纳积极暗示，摒弃消极暗示。同样，当我们在朋友圈里发表某种言论时，也要注意会不会给他人暗示，应尽量给他人传达积极的暗示。

3. 情绪感染

在我们的大脑中有一种被称为"镜像神经元"的神经元，让我们在看到别人进行某种动作时也会做出相同的动作，就像镜子一样。同样，我们

在理解他人感情的过程中，镜像神经元也会激活，使我们产生同样的情绪状态。比如，当我们看到面露恐惧的人，我们会感到恐惧；当我们看到开怀大笑的人，我们会感到心情愉快。也就是说，情绪是可以感染的。

线上朋友圈也是如此，比如当我们和不同语言风格的人聊天时，我们的语言风格也会有所改变。所以，在进行线上人际交往的活动时，我们自己要尽量减少不良情绪的传播，同时尽量远离那些总是传播不良情绪的人。

4. 同伴效应

同伴效应是指群体内同伴现在的行为与我们的行为的相互影响。科学家发现，同伴的学业成绩、心理状态会对我们产生类似的影响，甚至体重都会互相影响，这就是同伴效应。青少年处于心理发展的重要时期，人生观、世界观、价值观处于形成的重要阶段，同伴对我们来说非常重要，所以我们极易受到同伴的影响。一个积极向上的同伴会使我们与其一起健康成长，而叛逆、以自我为中心的同伴会对我们产生消极的影响，线上朋友圈亦是如此。

发现新大陆

我们前面说到，一些公众号或者小伙伴倾向于发积极的东西，我们也喜欢看这一类的文字。事实上，这些文字很多都是"心灵鸡汤"，那你是否真的了解心灵鸡汤呢？

心灵鸡汤原本是指那些充满知识、智慧和感情的话语，它们柔软、温暖、充满正能量。这些文字如同鸡汤对病人有益一样也会对我们的心灵有所帮助。

但是，不得不注意的是，我们的社交媒体中出现了越来越多的伪心灵鸡汤，使得心灵鸡汤日益污名化，人们也对心灵鸡汤越来越反感。伪心灵鸡汤是指，在社交网络中，假借名人之名发布矫揉造作的语录或情感感悟，或假借成功人士之口讲一下功利的以偏概全的大道理，或者是借禅师、佛祖的名义等来讲人生哲理，其内容涉及处世哲学、人生箴言、风水命理等等。但是事实上，都是些陈词滥调，内容片面、空洞、缺乏逻辑性。比如"一节课，改变你一生""幸福，原来如此简单"等等。

除了伪心灵鸡汤外，还有一种"反心灵鸡汤"也使心灵鸡汤污名化。这类鸡汤假借心灵鸡汤之名行反对之实，不再是温暖、励志、正能量的话语，而是对努力和现实的否定。其具有以下几个特点：①对个人、现实等的否定，传递的更多是负能量；②将个人命运与"命定"挂钩，传递的是"不管你努力不努力都没用，因为你这辈子注定就是弱者"等信息；③先扬后抑，即先借用真鸡汤的一部分，看似充满正能量，然后突然话锋一转，给予重击，让人容易有同感。反心灵鸡汤的内容涉及人生、事业、情感、金钱等各个方面。比如："是金子总会发光，但如果是石头，到哪里都不会发光""最靠得住的是金钱，最靠不住的是人心"等等。

所以，在社交媒体中，我们浏览信息时就要注意区分，发现真正的心灵鸡汤让自己更优秀，识破伪心灵鸡汤、反心灵鸡汤，避免受其危害，影响自己建立正确的价值观。

互联网交际：我的线上朋友圈

▶ 第三节　我的时间我做主

TA 说

终于放假了，小 A 心想，我要好好放松一下。

一觉睡到自然醒，先看看 QQ、微信有什么消息没，朋友们又发了什么动态。什么？已经中午了？赶紧起床吃午饭。

吃饭时，同桌给我发了消息，先回个消息吧。"好好吃饭，又玩手机！"好吧，又挨训了。

哎哟，肚子疼，我要上厕所，顺便在网上看看心仪已久的鞋子降价了没有……不行，腿麻了，我得起来了。

从厕所出来，突然想起应该用手机提前把晚上的电影票订了。哎呀，一个小时了，得赶紧写作业了。

看下手机几点了，"嗡嗡"，手机响了，看看有什么消息，哇，班级群里正在讨论下学期新班主任的话题，我也参与几句。唉，一下午过去了，我作业还没写几个字呢！

吃完晚饭该睡觉了，等会儿，再看看 QQ 和微信朋友圈，让我看看我朋友今天都干了什么；再刷下微博，看看今天都发生了什么……不行，不能再刷了，再刷明天上午起不来又要挨训了。

科学解密

小 A 的这一天你是不是很熟悉？是不是很像放飞自我的你？其实，这样的情况不仅仅发生在假期，上学期间一拿起手机就超过预期时间的情况也经常发生。我们认为自己是在碎片化的时间玩手机，比如吃饭前、吃饭时、上厕所、等车时、睡觉前等等，但是事实上，我们经常超过预期时间，所以，合理安排使用手机的时间非常重要，要知道"It's my time"，我们的时间我们自己做主。

一、碎片化的时间

"碎片化"原意指完整的东西破成很多块。当今社会，移动互联网和线上社交网络发展迅速，也产生了一系列的名词——碎片化的时间、碎片化的阅读、碎片化的购物、碎片化的社交……我们这里讲的就是碎片化的时间。碎片化的时间是指零散的、短暂的时间，或穿插在一个整体时间段内相对零碎的、短暂的时间。

碎片化的时间可以分为两类。

1. 主动碎片化时间

主动碎片化时间是指明明是完整的一段时间，却因为我们的自控力不强、懒惰、休息等借口主动地、人为地将完整的时间碎片化了。

2. 被动碎片化时间

被动碎片化时间是指一些被动的、无法避免的零碎的时间，比如等待他人的时间、任务与任务之间的短暂时间。

关于被动的碎片化时间，有人将其进一步进行了区分。

（1）固定型

这种碎片化的时间是指我们每天固定会有的并且时长相对确定的碎片化时间，比如上学、放学在公交站、地铁站等交通工具时的碎片化时间。

（2）等待型

这是一种在等待情境下的碎片化时间，时长不确定。比如排队、堵车等等。

（3）细碎型

这是指完成了一个任务，在下一个任务开始前的时间。时长不确定，但一般较短，几分钟到十几分钟，比如课间等。

案例中其实涉及的既有主动碎片化时间，也有被动碎片化时间，但共同的特点是小A都没有充分利用这些时间，美其名曰"我就刷一会儿，利用一下碎片化时间"，事实上，一些完整的时间被他主动碎片化了，然后真正的碎片化时间过去后他还在刷朋友圈、刷微博。那么，这样的碎片化时间利用给我们带来了什么负面影响呢？

二、主动碎片化时间的负面影响

1. 转移注意力

如果是在比较细碎型的碎片化时间里刷社交媒体或者是人为地将完整时间碎片化来刷社交媒体，比如，在课间刷社交媒体，那在结束了这种行为时，我们的注意力被转移了，并不能真正专注地投入学习或者是工作中去。有研究发现，分心比如刷社交媒体对我们注意力带来的干扰长达20分钟，甚至更久。这样的注意力转移，不仅会降低学习和工作效率，还会使我们产生更大的压力以及消极情绪。

2. 浪费时间

转移注意力本身就是在浪费我们的时间，更何况，如果是人为地将完整时间碎片化，比如在完整的学习时间上厕所时刷社交媒体会将我们的大块时间碎片化，也是在浪费时间。如果在碎片化的时间结束后，还在刷社交媒体，浪费的时间就更多了，在这之后的时间里我们会后悔，心情会因这不该有的碎片化时间利用变得浮躁。

3. 减少深入思考

社交媒体本身就有很多碎片化的信息，比如动态、公众号、文章等，这些信息很多都是简化、碎片化的，再加上我们在碎片化的时间里刷社交媒体，很容易就只简单浏览一下，没有深入阅读，久而久之，我们会形成一种惰性，减少我们深入思考的概率。这样的碎片化除了减少我们深入思考的可能性之外，最终还会使我们已获取的信息无法形成系统的知识。

三、我们应该如何做

既然这样碎片化时间的使用给我们带来了很多负面影响，那我们就需要好好思考怎样合理使用碎片化的时间了。

首先，分清楚什么是真正的碎片化的时间。只有那些被动的碎片化的时间才是真正的碎片化的时间，我们要尽量减少人为地、主动地将时间碎片化。

其次，合理使用被动的碎片化时间。较长的碎片化时间，比如在公交车上的固定型碎片化时间、排队等吃饭时的等待型碎片化时间我们可以看看课外书、浏览新闻，拓展我们的视野；而细碎的碎片化时间，比如课间、学习间隙、上厕所等很零碎的时间，就让自己什么也不做，真正放松片刻。

心理透视

为什么我们本来只是打算在碎片化的时间打开微信或者微博看一会儿，结果等结束的时候才发现时间已经过了好久，也丝毫不觉疲惫？其实，主要有以下几个原因。

一、刷朋友圈停不下来的原因

1. 寻求新鲜的刺激

很多时候我们刷朋友圈是一种缓解"信息焦躁"的体现，"信息焦躁"是指当我们一段时间（可能一两天，也可能几个小时，因人而异）没有获得新的信息，我们就会陷入一种莫名的焦躁感中。

这是因为我们的身体、我们的大脑是需要感觉刺激的，如果这些刺激不能维持在一定水平，我们的生理和心理就会出现紊乱，所以视觉、听觉、触觉等感觉系统对我们来说非常重要。同样地，信息也是一种刺激，而"新鲜的刺激"更能刺激我们的大脑，所以我们会在社交媒体上长时间地刷各种新闻，很多时候只是因为这个过程能够持续不断地产生"新鲜的刺激"，使我们的大脑变得活跃。

2. 减少距离感

人是群体性的动物，总是倾向于拉近自己与群体的距离使自己融入

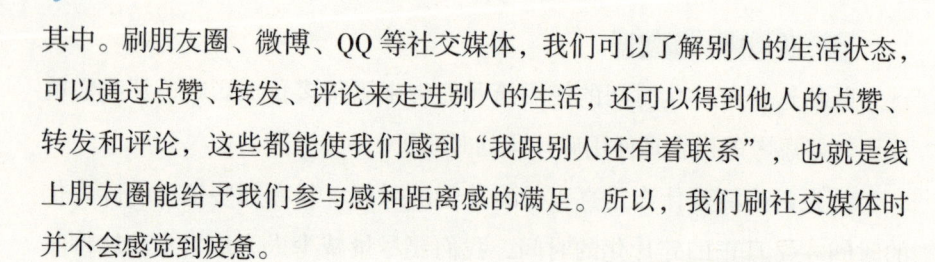

其中。刷朋友圈、微博、QQ等社交媒体，我们可以了解别人的生活状态，可以通过点赞、转发、评论来走进别人的生活，还可以得到他人的点赞、转发和评论，这些都能使我们感到"我跟别人还有着联系"，也就是线上朋友圈能给予我们参与感和距离感的满足。所以，我们刷社交媒体时并不会感觉到疲惫。

3. 即时反馈

我们的大脑中有一个"奖赏回路"，当我们的某种行为产生了结果，并且这种结果是有益的话，我们的大脑就会鼓励我们继续重复这一行为。而当我们的行为无法获得"即时的结果"，我们的大脑会认为这种行为是无效的，是在浪费精力，就会要求我们停下或者放弃这种行为。

只要轻点刷新、下拉或上滑，我们就能在各种社交网站中看到新的信息、动态，这对大脑的"奖赏回路"来说是非常丰厚的"正反馈"：付出的成本极低，但得到的回报很高。所以我们长时间地刷朋友圈，直到没有新的动态产生，或者我们已经感到疲劳，反复刷朋友圈的行为才会停止。

4. 停止信号缺失

我们上课会有下课铃；看电视时会提醒我们明天或者下周继续；听广播时会提醒我们今天的节目到此结束，我们明天再会；看书时看到最后一页也就结束了……这些活动都有"停止信号"，提示我们这件事结束了，我们可以做其他的事情了。但是社交媒体不同，正如上文所述，我们轻点刷新、下拉或者上滑，即可获得大量信息，并且只要我们愿意，我们可以一直刷下去，它不会提醒我们，说"今天只有这么多信息了，请明天继续"，即社交媒体缺乏停止信号。所以，在收到其他停止信号前，我们会不停地刷下去。

二、合理安排网上时间

既然社交媒体有这样的特点会使我们不觉时间的流逝，那么我们应该怎样控制自己，合理安排刷社交媒体的时间呢？

1. 将漫无目的地浏览变为有目的地探寻

其实很多时候，我们开始刷微博或者视频应用时都是漫无目的的，可以试试这样，当我们刷到一个比较感兴趣的话题时，去搜索这个话题，当我们对这个话题有了一定了解时，马上结束，不要再继续刷别的话题。这样，我们既获取了信息、拉近了距离、得到了反馈，还多了解了一些东西，至少不会毫无收获。

2. 为自己设置"停止信号"

虽然我们的社交媒体没有"停止信号"，但是我们可以自己设置"停止信号"，比如在刷社交媒体前给自己设置一个闹钟，闹钟响起时马上停止刷社交媒体。或者是在手机上下载一些时间管理的应用，每隔一段时间就提醒我们该放下手机休息了。

3. 制订计划

我们可以给自己制订一个计划，每一天的哪个时间段是登录社交媒体的时间，非计划内的时间给社交媒体设置自动回复，关闭推送通知，然后退出社交媒体或者将手机调为静音模式。这个计划可以根据我们是否在假期做灵活的调整。此外，很多时候尽管我们制订了计划，但我们会在用手机看时间或在看到手机时无意识地拿起手机。在非计划内时间，我们可以使用手表来代替手机看时间，然后把手机放到看不到的地方，比如放到抽屉里、放到包里、放到另一个房间等等。

发现新大陆

我们可以通过以下方法合理安排使用社交媒体的时间以及进行时间管理。

1. 任务清单

把每天、每周、每月的任务列一张清单，可以将我们脑海中的想法具体化、条理化，每完成一项工作就在清单上打钩还能提升我们的成就感。

说到任务清单，我们也可以尝试一下时间管理象限。我们可以把任务进行分类并分别写到四个象限里去，然后根据需要选择先做的事情。比如说明天要交作业，这绝对是重要紧急的事情；三个月后期末考试，这是重要但不紧急的事情；天黑了要收衣服了，这可以算是不重要但紧急的事情；看看空间动态吧，这就是不重要不紧急的事情。

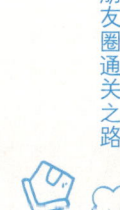

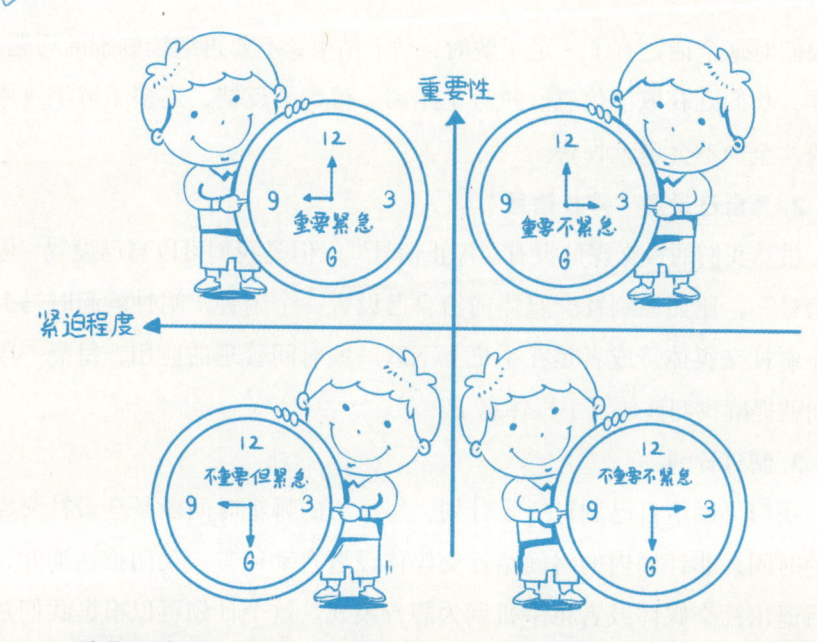

2. 番茄工作法

具体操作方法是：将一个番茄时间设定为 25 分钟，在这一时间段内，专心于一个任务，中途不做任何与该任务无关的事情，25 分钟结束后做一个标记，然后休息 5 分钟。每四个番茄时间后可以多休息一会儿。

25 分钟并不是不可变动的，我们可以根据自己的实际情况和需要加以改变，比如说学习 40 分钟，休息 10 分钟。你也可以根据自己完成的番茄个数给予自己奖励。

3. 下载时间管理的软件

传统的番茄工作法需要使用纸笔进行记录，并且需要自己计时。目前市场上有很多基于番茄工作法的应用，比如番茄土豆、番茄盒子、番茄自习室、番茄任务、番茄时钟、疯狂番茄等。具体使用哪一款，可以根据手机或者平板电脑的系统来选择。

除了上述应用之外，还有很多可以控制玩手机时间的软件，比如 Forest 可以帮助你保持专注。Fabulous 是一款生活习惯养成应用，比如早晨起来喝一杯水、坚持吃早餐、每天午睡、健身一定时间、每天背半个小时英语等，可以根据自己的实际情况在一天的不同时段添加不同的事情，久而久之，可以帮助我们养成良好的生活习惯和学习习惯。类似的手机软件还有很多，你可以在网上查找相关的软件，并根据自己的需要下载。